POCHES ODILE JACOB

LES BORDERLINES

Pr BERNARD GRANGER
DARIA KARAKLIC

LES BORDERLINES

Odile
Jacob
poches

15, rue Soufflot, 75005 Paris

ISBN : 978-2-7381-3123-2
ISSN : 1621-0654

www.odilejacob.fr

Introduction

Dans les pays anglophones, et tout particulièrement aux États-Unis, le trouble de la personnalité borderline (TPB) suscite actuellement un vif intérêt : des livres, des articles et des sites Internet lui sont consacrés, des associations de patients se créent, on en parle dans la presse et à la télévision. Il s'agit d'un trouble « en vogue » considéré comme un problème psychologique, médical et social d'une ampleur considérable. En France, la situation est quelque peu différente : ce trouble demeure relativement peu ou mal connu, y compris par certains professionnels de santé mentale. En effet, le terme anglais *borderline* est souvent utilisé et il apparaît même dans certaines chansons populaires, mais, d'après notre expérience clinique, la représentation qu'en ont aussi bien les patients et leurs proches que les professionnels de santé est souvent floue, voire fausse. Du reste, il semblerait que les médecins et les psychothérapeutes français ne soient pas assez sensibilisés à cette pathologie. Assez souvent, ils ne perçoivent pas qu'une personnalité borderline peut se cacher derrière des plaintes dépressives et anxieuses. Et nous constatons que les sujets souffrant de ce trouble consultent généralement plusieurs cliniciens avant de recevoir le diagnostic exact. Ils se voient donc proposer des prises en charge inadéquates.

Cette situation pourrait s'expliquer par le fait qu'il s'agit d'un trouble relativement « jeune » dont la description est bien plus récente que celle des autres troubles mentaux tels que la schizophrénie ou la maladie maniaco-dépressive. Son nom a été « importé » des États-Unis, où il a été introduit en 1980 dans la classification américaine des troubles mentaux, le *DSM*. Grâce à la recherche scientifique, la compréhension de sa nature a considérablement évolué ces trente dernières années et de nouvelles psychothérapies élaborées spécialement pour sa prise en charge ont vu le jour, notamment aux États-Unis.

En France, ce trouble a encore du chemin à parcourir pour être mieux connu du grand public et reconnu par les professionnels de santé mentale. Cela s'explique aussi, en partie, car, en français, il existe peu d'ouvrages sur le sujet qui soient clairs et accessibles au grand public. Or les personnes atteintes et leur entourage doivent disposer d'informations fiables concernant la nature du trouble en question, ses manifestations, son évolution et son traitement afin de pouvoir adopter des attitudes adaptées et nourrir des attentes réalistes. Le livre que vous tenez entre vos mains a été écrit dans le but de combler cette lacune. Il est destiné principalement aux personnes atteintes et à leurs proches, mais il sera aussi d'une grande utilité aux cliniciens confrontés à ce genre de pathologie dans leur pratique, car il repose sur les données scientifiques les plus récentes. Par ailleurs, les aspects théoriques sont illustrés par de nombreux témoignages de patients, ce qui rend la reconnaissance des manifestations du trouble plus facile.

C'est un livre d'information, mais il ne se substitue pas à la pratique clinique. Il faut en particulier mettre en garde le lecteur contre la tentation de l'autodiagnostic. Nous avons tous tendance à nous reconnaître plus ou moins fidèlement dans les descriptions psychopathologiques, quel qu'en soit l'objet. Après vous être jugé schizophrène à la lecture d'un livre sur cette maladie, ou bipolaire, ou névrosé, etc., vous vous croirez très certainement borderline en lisant notre texte. Rassurez-vous, nous ne sommes pas tous borderlines !

Nous constatons que la souffrance des personnes touchées par le TPB est souvent mal comprise : elle est banalisée ou condamnée, voire punie par l'entourage dans la mesure où ses symptômes sont considérés comme les signes d'un mauvais caractère ou d'un manque de volonté d'agir et de réagir. Les proches sont souvent persuadés qu'il suffit de décider de ne plus être hypersensible ou de ne plus faire de crises de colère pour que tout aille mieux. Notre but ici est de faire comprendre à l'entourage que les difficultés du sujet borderline relèvent d'un véritable trouble psychique dont les symptômes échappent, au moins en partie, à un contrôle volontaire et conscient de la part du patient.

Les personnes atteintes du TPB ne doivent jamais perdre l'espoir : l'évolution favorable de leurs symptômes est non seulement possible, mais même très probable, à condition qu'elles s'engagent dans une démarche thérapeutique adéquate, qui consiste principalement à suivre une psychothérapie adaptée pendant environ deux ans. Moyennant un investissement réel accompagné de patience et de persévérance, les résultats ne manqueront pas !

CHAPITRE 1

Une maladie à l'histoire mouvementée

Appliqué à la littérature médicale, le terme borderline est d'apparition récente, puisqu'il remonte à la fin du XIXe siècle. L'histoire de ce concept montre que sa signification a considérablement varié au fil du temps et qu'il a désigné des manifestations psychiatriques fort différentes. Il a son acception actuelle depuis les années 1970-1980, mais rien ne dit que ce sens ne sera pas infléchi au cours des décennies à venir. Il est intéressant de noter d'ailleurs que ce qui se dit à propos du trouble borderline, et pour une période d'environ un peu plus d'un siècle, se vérifie aussi à propos d'autres concepts plus anciens en psychiatrie, comme ceux de mélancolie, de manie ou d'hystérie, qui sont utilisés depuis plusieurs millénaires, mais qui ne désignent pas la même chose aujourd'hui qu'initialement et dont la définition et la délimitation mêmes fluctuent considérablement depuis plus d'un siècle et encore aujourd'hui.

Les états limites ou troubles de la personnalité borderline ont fait l'objet de travaux de plus en plus nombreux au cours de ces dernières années. Si l'on procède à une recherche dans la banque de données Pubmed, qui recense les publications médicales les plus importantes, au premier trimestre 2011, on trouve 5 883 publications recensées pour la personnalité borderline, alors qu'il n'y en avait que 3 903 fin 2007. Pour la personnalité hystérique, appelée désormais personnalité histrionique, aux mêmes dates, on trouve respectivement 4 047 et 3 598 publications. En l'espace de trois ans et trois mois, on le voit, l'augmentation a été beaucoup plus grande pour les troubles de la personnalité borderline : 1 980 publications supplémentaires, contre seulement 449 pour l'hystérie.

Le terme borderline signifie « limite ». Il peut vouloir dire à la fois « à cheval », c'est-à-dire dans une région intermédiaire entre deux pathologies, ou « près du bord », soit une pathologie proche d'une pathologie bien établie. On voit d'emblée la difficulté que crée le fait de définir un trouble par un terme qui semble vouloir dire « qui n'en est pas réellement un » : c'est toute l'ambiguïté, la richesse et l'intérêt de la pathologie borderline.

Lorsqu'il est apparu dans la littérature médicale en 1884 sous la plume du psychiatre américain C. H. Hughes, ce terme désignait des patients ayant des symptômes physiques au cours d'affections psychiatriques. À la même époque, le psychiatre allemand Emil Kraepelin qualifiait de borderlines, ou de limites, des criminels qui n'étaient ni normaux ni psychotiques. On voit donc d'emblée que, pour Hughes, on était dans le chevauchement, tandis que pour Kraepelin, on était proche de la pathologie, mais sans y être complètement.

En 1890, le psychiatre américain Ervin Ross utilise le terme borderline pour qualifier des sujets ayant des symptômes psychotiques, mais n'étant pas psychotiques. Cette définition peut sembler assez comparable à la signification que prendra le terme borderline par la suite. En réalité, si l'on examine les cas décrits par Ervin Ross, on doit constater qu'aucun ne serait qualifié de borderline aujourd'hui.

Les débuts

On peut différencier trois grandes périodes dans l'histoire du concept d'état limite ou de trouble borderline. Au cours de la première, qui s'étend de la fin du XIXe siècle aux années 1970, ce concept se développe dans la littérature psychanalytique, qui y voit des cas frontières avec la psychose. Des études plus cliniques et empiriques vont démarrer à la fin des années 1960 pour aboutir aux critères diagnostiques proposés en 1980 par le *Manuel diagnostique et statistique des troubles mentaux*, troisième édition, de l'Association américaine de psychiatrie (*Diagnostic and Statistical Manual of Mental Disorders,* troisième édition, plus communément appelé *DSM-III*). Par la suite, le concept sera précisé par des études empiriques longitudinales qui insisteront sur l'évolution favorable du trouble à terme et sur ses liens avec les troubles de l'humeur, en particulier les troubles bipolaires.

Avant les années 1930, période à partir de laquelle le concept de borderline sera développé par les psychanalystes, d'autres termes avaient déjà été utilisés en psychiatrie pour décrire des cas frontières ou situés aux confins d'une pathologie typique. C'est ainsi qu'en 1890 le psychiatre allemand Karl Ludwig Kahlbaum décrira l'héboïdophrénie, cas frontière entre la schizophrénie d'une part et les troubles des conduites antisociales, ou psychopathies d'autre part. On pourrait citer aussi la description par le psychiatre français Henri Claude des schizonévroses au début du XXe siècle. Enfin, de nombreux psychiatres ont souligné combien il était parfois difficile de tracer une frontière entre une pathologie constituée, évidente, et un trouble de la personnalité qui, sans atteindre les manifestations typiques d'un trouble, en est néanmoins proche. On pourrait donner comme exemple la schizotypie ou schizoïdie, type de personnalité proche de la schizophrénie, ou encore la cycloïdie, constitution de la personnalité proche des troubles maniaco-dépressifs. On pourrait se référer aussi à Jacob Kasanin avec son concept de malade schizo-affectif, c'est-à-dire relevant en partie de la schizophrénie et en partie des troubles de l'humeur. Tous ces exemples soulignent la difficulté qu'il y a à séparer de façon nette des entités pathologiques, plutôt qu'ils ne préfigurent le concept d'état limite tel qu'il se présente aujourd'hui.

L'apport de la psychanalyse

La première référence importante dans l'histoire des états limites remonte à 1938 avec la parution dans la revue *Psychoanalytic Quarterly* d'un article d'Adolphe Stern intitulé « Psychoanalytical investigation and therapy in the borderline group of neurosis », qui a été traduit en français sous le titre « Les mouvements transférentiels atypiques chez des névrosés ». Adolphe Stern, qui d'une certaine façon est le père du trouble borderline, est né en

1879 et il est mort en 1958. C'était un représentant de la première génération des psychanalystes américains puisqu'il a pratiqué cette discipline dès 1910. Il est devenu membre de l'Association psychanalytique américaine en 1915 et a été analysé par Sigmund Freud en 1920. Selon lui, les borderlines se caractérisent par une idéalisation et une dévalorisation des proches et de l'analyste, ainsi que par des difficultés à faire face aux situations stressantes. Ils utilisent comme mécanismes de défense des mécanismes projectifs et le clivage. Adolphe Stern parle également à leur sujet d'hémorragie psychique.

La littérature psychanalytique poursuivra l'exploration de ce concept. Citons par exemple la notion de schizophrénie ambulatoire proposée par Gregory Zilboorg en 1941 ; Hélène Deutsch parlera en 1942 de certaines formes de perturbations émotionnelles et de leur relation à la schizophrénie et définira la personnalité *as if* (« comme si ») qui donnera naissance à la notion de « faux-self » de D. H. Winnicott. Melitta Schmideberg, la fille de Melanie Klein, aura cette heureuse formule en 1947 à propos des borderlines : ils sont « instables de façon stable ». Le terme sera consacré en 1951 par Victor W. Eisenstein, qui développera l'idée que des symptômes psychotiques peuvent survenir en dehors d'une psychose. Un autre auteur psychanalytique, Robert P. Knight, proposera en 1953 des critères plus objectifs pour définir les *borderline states* (« états limites »). Par la suite, deux auteurs psychanalytiques auront une importance toute particulière dans le développement du concept d'état limite, Otto F. Kernberg à partir des années 1960, aux États-Unis, et Jean Bergeret, en France, à compter de 1970.

Otto F. Kernberg est né en 1928 à Vienne. Il a fui avec sa famille l'Allemagne nazie en 1939 pour émigrer au Chili. Il est allé aux États-Unis pour la première fois en 1959 pour se former à la recherche dans le domaine des psychothérapies. En 1961, il a émigré aux États-Unis pour travailler au Menninger Memorial Hospital, dont il a été plus tard le directeur. Sa carrière brillante s'est poursuivie dans certaines institutions psychanalytiques, notamment la Menninger Foundation, dont il a dirigé le projet de recherche sur les psychothérapies. En 1973, il s'est installé à New York pour devenir directeur du service clinique de l'Institut de psychiatrie de l'État de New York. Il a été nommé professeur de psychiatrie clinique à l'Université Columbia en 1974. En 1976, il a été nommé professeur de psychiatrie à l'Université Cornell et directeur de l'Institut pour l'étude des troubles de la personnalité au Centre médical Cornell. Il a été président de l'Association psychanalytique internationale de 1997 à 2001. Ses principales contributions concernent le narcissisme, la théorie de la relation d'objet et les troubles de la personnalité. Son apport théorique à la notion d'état limite est fondamental. Sa première publication importante remonte à 1967 dans le journal de l'Association psychanalytique américaine, où il a publié un long texte intitulé « Borderline personality organization » (« Organisation de la personnalité borderline, la personnalité limite »). L'année suivante, il a publié dans le *Journal international de psychanalyse* un texte consacré au traitement des états limites. Son livre *Les Troubles limites de la personnalité* a été traduit en français en 1979, et *La Personnalité narcissique* en 1980. Pour Kernberg, l'état limite est une névrose à expression psychotique. Il considère que c'est une organisation stable et spécifique de la personnalité de type névrotique, mais qu'elle s'en distingue par une expression pulsionnelle archaïque des mécanismes de défense organisés autour du clivage, de l'idéalisation primitive, de l'identification projective, de l'omnipotence, de la dévalorisation et du déni. Il en découle des relations d'objet pathologiques spécifiques.

En France, le principal auteur à s'être illustré dans le domaine des états limites est le psychanalyste Jean Bergeret. Il est né à Lyon en 1923. Ses études de médecine ont été interrompues par la Seconde Guerre mondiale, à laquelle il a participé comme résistant, puis dans l'armée française. Il s'est installé au Maroc après la guerre. C'est là qu'il est initié à la psychanalyse. De retour à Lyon en 1955, il fonde avec d'autres psychanalystes le Groupe lyonnais de psychanalyse. Son ouvrage le plus connu s'intitule *La Dépression et les états limites*. Il a été publié en 1975. Il présente une conception de la pathologie borderline en opposition avec celle de Kernberg. Ce dernier parle d'un état ou d'une structure borderline, alors que pour Bergeret cette pathologie correspond à une absence de structuration psychique. Il considère que l'état limite est une entité pathologique « indépendante à la fois des névroses et des psychoses » et une « lignée psychopathologique originale », une maladie du narcissisme. Le moi se situe dans une position intermédiaire entre le morcellement psychotique et les conflits névrotiques, courant deux dangers, celui de l'angoisse dépressive et de la dépendance à l'autre. Il ne s'agit donc pas d'une structure fixée, mais d'un fonctionnement qui emprunte tantôt au fonctionnement névrotique, tantôt au fonctionnement psychotique, tantôt au fonctionnement caractériel ou pervers.

Parmi les autres auteurs français à s'être intéressés aux états limites, on pourrait aussi mentionner Daniel Widlöcher, qui les considère comme un « vaste territoire aux limites floues » caractérisé par « le manque de tolérance à l'angoisse, le manque de contrôle des pulsions, l'insuffisance de développement des voies sublimatoires [...], des défenses archaïques sans élément dissociatif, l'attachement à des images morcelées sans morcellement de l'identité ».

Comme on le voit, même dans le développement du concept d'état limite par les psychanalystes, les conceptions ne sont pas fixées et, finalement, si un certain accord règne sur les manifestations les plus visibles du trouble, la psychopathologie sous-jacente, notamment en référence à la doctrine freudienne, reste discutée. C'est sans doute la raison pour laquelle se sont parallèlement développées à partir de la fin des années 1960 des études empiriques visant à mieux caractériser la symptomatologie du trouble borderline, sa définition par critères et son évolution.

Vers un diagnostic plus précis

Une des premières études empiriques est due à Grinker, Werble et Drye. Ils ont publié leur travail sous le titre *The Borderline Syndrome* chez Basic Books en 1968. Ils ont identifié cinquante et une variables comportementales qui se répartissent en quatre composantes fondamentales : l'agressivité, le mode de relation anaclitique (dépendant), le trouble de l'identité, une forme de dépression. Ils ont ainsi distingué quatre sous-types d'état limite : l'état limite psychotique, le noyau de l'état limite, la personnalité *as if* et l'état limite névrotique. L'état limite psychotique se caractérise par des comportements inappropriés, des conduites pathologiques, des colères, un défaut de perception de soi. Le noyau de l'état limite est constitué par l'instabilité relationnelle, les passages à l'acte agressif, la dépression, le trouble de l'identité. La personnalité *as if* correspond à une pauvreté des affects, à un repli sur soi, à une intellectualisation de la vie et à une adaptation de surface. Le sous-type d'état limite névrotique se caractérise par l'anxiété et la dépression.

Toutefois, ce sont les travaux de John Gunderson, professeur de psychiatrie à Harvard, qui ont dominé ces quarante dernières années. Ses études ont favorisé la transformation de l'état limite en un trouble validé empiriquement et accepté internationalement au-delà des cercles psychanalytiques où il a pris naissance. Il a publié dans l'*American Journal of Psychiatry* en 1975 une revue de la littérature pour chercher à définir les patients borderlines. Cet article, écrit en collaboration avec M. T. Singer, a conduit à identifier six caractéristiques qui permettent de diagnostiquer de façon opérationnelle le trouble borderline au cours d'un entretien initial : la présence d'émotions intenses, en général dépressives ou hostiles ; des antécédents de comportements impulsifs ; une relative inadaptation sociale ; des expériences psychotiques brèves ; un relâchement de la pensée dans des situations non structurées ; des relations oscillant entre une superficialité transitoire et une dépendance intense. Avec W. T. Carpenter Jr et John S. Strauss, Gunderson a publié la même année dans la même revue une étude comparative de patients schizophrènes et de patients borderlines suivis pendant deux ans (« Borderline and schizophrenic patients : A comparative study »). Leurs observations n'ont pas permis de mettre en évidence une différence évolutive majeure en dehors du fait que, chez les états limites, les épisodes psychotiques n'étaient pas bien définis ni durables. Le suivi était sans doute trop court pour aboutir à des conclusions plus nettes.

En 1978, avec J. E. Kolb, Gunderson publie un article rapportant la comparaison de patients atteints de schizophrénie, de patients déprimés atteints de dépression névrotique et d'un groupe de patients ayant différents diagnostics. Le but de cette étude était de voir si les patients borderlines pouvaient être différenciés des autres groupes psychopathologiques et si on pouvait définir une liste de caractéristiques permettant d'isoler les patients borderlines des autres patients étudiés. Il s'agissait alors pour Gunderson et ses collaborateurs de définir quels critères précis et quels moyens pratiques devaient être utilisés pour établir le diagnostic de personnalité borderline.

Par la suite, Robert L. Spitzer a publié plusieurs travaux destinés à définir les critères diagnostiques tels qu'ils ont été proposés dans le *DSM-III*. À la suite de la parution de ce manuel, qui a marqué une date importante non seulement pour le trouble borderline mais dans l'histoire des classifications psychiatriques, Gunderson et ses collaborateurs ont mis au point un entretien diagnostique pour le trouble de la personnalité borderline (*The Diagnostic Interview for Borderline Patients*, paru en 1981, et *The Revised Diagnostic Interview for Borderline Patients* en 1989). Il est trop tôt pour dire ce que deviendra le trouble de la personnalité borderline dans le *DSM-V* à paraître en 2013.

Après le DSM

Une fois les critères du *DSM-III* adoptés, des études portant sur des cohortes de patients relativement homogènes ont pu être menées dans le but de mieux connaître les caractéristiques du trouble borderline et d'étudier la validité de ce diagnostic. Ces études, comme celles d'Hagop S. Akiskal, ont cherché aussi à établir des liens entre les troubles de l'humeur, en particulier le trouble bipolaire, et la personnalité borderline. Une étude importante menée dans quatre centres aux États-Unis, Boston, New Haven, Providence et New York, par Gunderson et collaborateurs, la *Collaborative Longitudinal Personality Disorders Study*, a cherché à étudier le devenir de quatre troubles de la personnalité : la personnalité schizotypique, la personnalité évitante, la personnalité obsessionnelle et la personnalité borderline. Il s'agissait notamment d'étudier la stabilité temporelle des critères diagnostiques du *DSM-III*. Publiée en 2003, cette étude a montré que, à un an, 59 % des borderlines n'ont plus les critères diagnostiques du trouble. Par la suite, le *DSM-III-R* (1987) puis le *DSM-IV* (1994) ont proposé d'autres critères pour la personnalité borderline montrant que ce cadre conceptuel restait mouvant.

En dehors de l'étude de la stabilité temporelle des critères, les études empiriques ont cherché par des analyses factorielles à identifier des dimensions à l'intérieur du trouble de la personnalité borderline. C'est ainsi par exemple que, dans l'*American Journal of Psychiatry* d'octobre 2000, C. A. Sanislow, C. M. Grilo et T. H. McGlashan ont identifié trois facteurs principaux dans le trouble de la personnalité borderline : perturbation des relations (relations instables, perturbation de l'identité, sentiment de vide chronique), dérégulation comportementale (impulsivité, comportement suicidaire ou automutilations), dérégulation affective (instabilité émotionnelle, colère inappropriée, effort pour éviter l'abandon). La même équipe a confirmé ses travaux par une étude longitudinale montrant qu'avec le temps cette composante à trois facteurs restait stable.

Une autre étude menée par M. Zanarini et ses collaborateurs, la *McLean Study of Adult Developement,* a consisté à suivre un groupe de 290 patients atteints de trouble de la personnalité borderline, en les évaluant à deux, quatre, six, huit, dix et douze ans d'évolution. Ce travail a montré que certains critères étaient instables, comme les comportements suicidaires ou les automutilations, tandis que d'autres restaient constants comme l'instabilité affective, les colères, la peur de l'abandon. Par ailleurs, il a permis d'identifier des variables liées à une évolution favorable : un âge jeune, l'absence d'abus sexuel dans l'enfance, l'absence d'antécédents familiaux de toxicomanie, le fait d'avoir un bon niveau d'études, l'absence d'un autre trouble de la personnalité du groupe anxieux (personnalité évitante, dépendante, obsessionnelle compulsive), un faible degré de neuroticisme (la tendance à éprouver des émotions négatives et pénibles) et un haut degré d'agréabilité (le fait d'être chaleureux, confiant, altruiste).

Par la suite, des approches thérapeutiques originales ont été mises au point. Dans le domaine psychanalytique, c'est probablement Otto Kernberg qui a été le plus innovant à partir de ses travaux initiaux. Plus récemment, il faut citer deux auteurs, Jeffrey Young, qui a mis au point la thérapie des schémas en 1990, et Marsha Linehan, qui a lancé la thérapie comportementale dialectique en 1993 (voir chapitre sur les psychothérapies).

Cette dernière forme de thérapie, instaurée par ce professeur à l'Université de Washington, connaît un grand succès en raison de son efficacité dans le trouble borderline. Récemment, elle a révélé dans une conférence donnée à l'Institute of Living de Hartford qu'elle avait été hospitalisée dans cet établissement au début des années 1960, à l'âge de 17 ans, parce qu'elle-même souffrait d'un trouble borderline, comme l'a rapporté le *New York Times*, le 23 juin 2011. Elle a déclaré avoir voulu apporter aux patients ce qu'elle avait vainement cherché pendant des années de maladie. En raison des automutilations qu'elle s'infligeait, elle avait été placée en chambre d'isolement. Un diagnostic de schizophrénie fut porté et Marsha Linehan reçut des antipsychotiques, des tranquillisants et suivit une thérapie freudienne, puis il lui fut administré deux séries d'électrochocs, soit trente au total. Ces traitements n'entraînèrent aucune amélioration. Son hospitalisation dura vingt-six mois. En sortant, elle fit le vœu de revenir pour délivrer les autres patients de cet « enfer ». Transformée et guérie après une expérience religieuse, elle entreprit des études de psychologie. Elle mit aussi son amélioration sur le fait d'être parvenue à s'accepter comme elle était. D'autre part, les théories comportementales lui ont montré que de nouvelles attitudes pouvaient s'acquérir. C'est ainsi qu'elle a mis au point une méthode thérapeutique reposant sur ces fondements et sur sa propre expérience pour traiter les cas les plus difficiles de patients suicidaires et atteints de trouble de la personnalité borderline. Elle a ensuite enrichi son approche par la méditation pleine conscience. Elle a réussi à démontrer l'efficacité de son traitement psychologique par des études scientifiques. Elle l'a imposé sans doute aussi grâce à son charisme et à la compréhension intime des malades que lui confèrent son expérience et les tourments qu'elle a endurés.

L'histoire du trouble de la personnalité borderline est complexe, chaotique. Cependant, de grandes lignes se dessinent. Il s'agit initialement d'une pathologie ou de symptômes n'entrant pas dans les cadres classiques de la typologie freudienne répartissant les structures de la personnalité entre les structures psychotique, névrotique et perverse. À partir des travaux psychanalytiques, on a caractérisé un type de personnalité où étaient présents des symptômes certes psychotiques, mais de très courte durée et secondaires par rapport à d'autres tels que l'impulsivité, l'instabilité, la tendance à la dépression, la crainte de l'abandon. Ce sont ces critères qui ont permis de définir le trouble de la personnalité borderline dans le *DSM-III* paru en 1980. Les très nombreux travaux menés depuis à partir de ces critères ont montré la validité de ce concept, tout en permettant d'en définir des sous-types et des facteurs de bon pronostic. Par ailleurs, des méthodes thérapeutiques spécifiques ont été élaborées, du moins dans le domaine de la psychothérapie, qui reste l'approche thérapeutique la plus efficace dans ce trouble.

CHAPITRE 2

Qu'est-ce que le trouble borderline ?

Quelle définition ?

Tout d'abord, on désigne sous le terme *personnalité* l'ensemble de caractéristiques psychologiques permanentes d'un individu qui le rend reconnaissable et différent des autres. Les réactions émotionnelles, les comportements et les attitudes exprimés de façon régulière par une personne constituent ainsi sa personnalité. Celle-ci devient pathologique lorsqu'elle se rigidifie, ce qui entraîne des réactions émotionnelles et des comportements inadaptés, source d'une souffrance ressentie par le sujet et/ou de difficultés d'adaptation à la société. Les individus dont la personnalité est pathologique sont prisonniers de leurs comportements inadaptés et éprouvent les plus grandes difficultés à moduler leurs réactions et attitudes en fonction des différentes personnes qu'elles fréquentent et des situations nouvelles qu'elles traversent. La définition qu'en propose le *DSM-IV-TR* (quatrième version révisée de la classification américaine des troubles mentaux) est la suivante : il s'agit d'un « mode durable des conduites et de l'expérience vécue qui dévie notablement de ce qui est attendu dans la culture de l'individu, qui est envahissant et rigide, qui apparaît à l'adolescence ou au début de l'âge adulte, qui est stable dans le temps et qui est source d'une souffrance psychologique ou d'une altération du fonctionnement social ».

Ces troubles de caractère se manifestent principalement à travers des traits de personnalité pathologiques et des symptômes dont l'intensité varie selon les périodes. Ces traits de personnalité sont souvent qualitativement les mêmes que ceux qu'on retrouve chez les individus dits « normaux », mais amplifiés et rigides. Prenons comme exemple l'impulsivité. Chacun peut se montrer impulsif dans certaines situations, mais l'impulsivité des personnalités borderlines est à la fois excessive, fréquente et autodestructrice. Contrairement aux individus qui ne souffrent pas de TPB, les sujets borderlines s'engagent dans des comportements impulsifs et dangereux, souvent nuisibles pour leur santé, tels que des rapports sexuels non protégés avec des inconnus, des abus de substances, des dépenses inconsidérées, etc. De même, la peur de l'abandon apparaît chez tout être humain à un moment donné. Qui n'a pas eu peur que son compagnon ou sa compagne s'en aille après une dispute ? Le borderline, en revanche, est constamment envahi par l'angoisse d'être quitté ou rejeté par son partenaire ou ses proches, même s'il n'y a aucune raison objective de le penser.

Quelle différence avec les autres troubles mentaux ?

Les troubles de la personnalité sont relativement stables dans le temps, tandis que les autres troubles mentaux, comme la dépression, l'alcoolisme ou l'anorexie, ont un caractère transitoire, même s'ils peuvent durer assez longtemps. Ces derniers marquent une rupture nette, mais temporaire d'avec le fonctionnement antérieur de la personne atteinte. En revanche, le fonctionnement global d'une personne présentant un trouble de la personnalité est perturbé *de façon constante*.

Prenons comme exemple la dépression : un individu sombrant dans la dépression se vit d'un seul coup comme différent et son entourage ne le reconnaît plus. On entend souvent les patients déprimés se plaindre : « Je ne me reconnais plus. Avant j'étais toujours enthousiaste et j'avais envie de faire plein de choses, alors que depuis une dizaine de jours, je n'ai plus envie de rien… Je ne réponds plus au téléphone quand on m'appelle et je n'arrive même pas à prendre ma douche le matin. Mon mari ne comprend pas ce qui se passe, il ne m'avait jamais vu comme ça. » Cependant, une fois guérie, la personne déprimée retrouve sa personnalité d'avant la dépression. Elle dit habituellement : « J'ai retrouvé le sourire, je suis redevenue moi-même. »

Le sujet borderline, quant à lui, éprouve souvent des affects dépressifs, mais ils ne durent pas aussi longtemps que chez le sujet déprimé. Des sentiments de vide, de tristesse et de désespoir apparaissent chez le borderline en réaction aux événements et disparaissent habituellement dès que les circonstances changent. Ces affects pénibles réapparaissent plus ou moins souvent, mais ne durent jamais pendant des jours de façon continue comme chez les personnes déprimées.

Quels critères retenir ?

Dans la quatrième version révisée du *DSM*, la personnalité borderline est définie comme « un mode général d'instabilité qui touche les domaines des relations interpersonnelles, de l'image de soi et des affects avec une impulsivité marquée, qui apparaît au début de l'âge adulte et est présent dans des contextes divers ». Pour que le diagnostic puisse être retenu, le patient doit présenter au moins cinq des neuf critères suivants :

- Efforts effrénés pour éviter les abandons réels ou imaginés.
- Mode de relations interpersonnelles instables et intenses caractérisées par l'alternance entre des positions extrêmes d'idéalisation excessive et de dévalorisation.
- Perturbation de l'identité : instabilité marquée et persistante de l'image ou de la notion de soi.
- Impulsivité marquée dans au moins deux domaines potentiellement dommageables.
- Répétition de comportements, de gestes ou de menaces suicidaires, ou d'automutilations.
- Instabilité affective due à une réactivité marquée de l'humeur.
- Sentiments chroniques de vide.
- Colères intenses et inappropriées ou difficulté à contrôler sa colère.

• Dans des situations de stress, survenue transitoire d'idées de persécution ou de symptômes dissociatifs sévères.

Au trouble de la personnalité borderline du *DSM-IV-TR* correspond la personnalité « émotionnellement labile » dans la *CIM-10* (*Classification internationale des maladies mentales*, dixième version, publiée par l'Organisation mondiale de la santé), elle-même divisée dans cette classification en deux sous-types : borderline et impulsif. Malgré cette différence de dénomination, les critères des deux classifications sont proches.

Le TPB s'exprime de façon différente selon les individus, mais l'instabilité est la caractéristique commune à toutes les personnes qui en souffrent. Il s'agit tout d'abord d'une labilité émotionnelle qui entraîne une instabilité, plus ou moins marquée, dans d'autres domaines de la vie (sentimental, social, professionnel), ce qui renforce la première. Autrement dit, tous les symptômes sont liés entre eux et s'influencent mutuellement ; lorsque l'un d'entre eux change en intensité, les autres se modifient aussi. Par exemple, lorsque la peur de l'abandon grandit, le borderline devient plus impulsif et prêt à recourir aux actes dommageables pour lui-même comme les dépenses inconsidérées ou les automutilations qu'il regrette plus tard. La vie de la plupart des borderlines ressemble à un véritable tourbillon perpétuel, comme vous le verrez dans le témoignage de Sandrine, 25 ans.

« J'ai grandi dans une famille où les disputes étaient monnaie courante. Mon père buvait beaucoup et battait ma mère. Bien souvent, à cause de leurs cris, je ne pouvais pas

faire mes devoirs. Parfois, mon père s'en prenait aussi à moi. Il commençait à me crier dessus sans aucune raison, tout simplement parce qu'il était de mauvaise humeur. Ses réactions étaient tellement imprévisibles que je ne savais jamais à quoi m'attendre. Ma mère était soumise et effacée. Mes parents ont divorcé quand j'avais 16 ans. Je suis restée avec ma mère, qui était repliée sur elle-même, et nous communiquions très peu. Je voyais rarement mon père.

J'ai le souvenir d'avoir toujours été mal dans ma peau, mais la séparation de mes parents m'a perturbée davantage. Je me sentais presque constamment seule, vide et déprimée. J'avais l'impression que ma vie manquait de but. Quand on me demandait ce que je voulais devenir plus tard, quel métier je souhaitais exercer, j'avais envie de répondre : "Rien, personne." Je n'avais aucune ambition et j'avais l'impression de ne compter pour personne, y compris pour mes parents. Souvent, je me sentais si mal que je m'écorchais la peau avec une lame de rasoir. Si, la plupart du temps, j'avais l'impression d'être un zombie qui ne ressent rien, au moment où je me coupais, je me sentais vivante. Ça me secouait un peu. Pourtant, j'avais honte de ce que je faisais, parce que j'avais plein de cicatrices sur les bras, que je cachais en portant des chemises ou des pulls à manches longues.

Quant à ma vie sociale, j'avais peu d'amis et j'avais l'impression d'être différente et incomprise. Je ne pouvais jamais être moi-même avec les autres, je faisais constamment semblant d'être "normale", comme tout le monde. Malgré tous mes efforts, il me semblait que les gens voyaient quand même qu'il y avait quelque chose qui n'allait pas avec moi. À cause de ça, les regards des autres, même des inconnus, me mettaient très mal à l'aise. Même dans le métro, ça me gênait qu'on me regarde.

À 17 ans, je suis tombée amoureuse d'un garçon de ma classe, mais je n'osais pas m'approcher de lui. Je me trouvais trop grosse et trop laide ; je me disais qu'il était impossible que je lui plaise comme j'étais, même si je pesais 50 kilos pour 1,70 mètre. J'ai eu l'idée de maigrir en me faisant vomir. Tous les soirs, en rentrant chez moi du lycée, je me faisais vomir après avoir mangé. Ça me soulageait un peu sur le coup, mais, peu de temps après, je me sentais encore plus mal, vide, déprimée, sans valeur. J'essayais en vain de dépasser mon sentiment de "nullité" en faisant de mon mieux pour avoir des résultats brillants à l'école. Je travaillais pendant des heures et des heures juste pour me prouver que je valais quand même un peu plus que rien. Par ailleurs, ce travail acharné me permettait d'oublier au moins pendant quelques heures le vide qui régnait dans ma vie.

À l'âge de 21 ans, j'ai eu mon premier petit ami, Nicolas. On s'est rencontrés dans une boîte de nuit, et ça a été le coup de foudre. Trois jours après notre rencontre, je vivais chez lui. Je l'aimais déjà à la folie. Ce qui m'arrivait était si beau et inattendu que j'avais très peur de tout perdre. J'avais l'impression que je ne pourrais plus jamais vivre seule comme avant, que je me suiciderais s'il me quittait. Pendant qu'il était au travail, je l'appelais au moins cinq fois ou je lui envoyais des SMS pour lui demander s'il m'aimait et s'il allait toujours rester à mes côtés. S'il avait quinze minutes de retard le soir en rentrant du travail, je commençais à paniquer en m'imaginant qu'il n'allait pas revenir et qu'il me trompait avec une autre. Au début, il me rassurait beaucoup, mais, très vite, mes appels incessants ont fini par l'agacer, il me disait qu'il me trouvait trop “collante”. Les premières disputes ont commencé. Par ailleurs, Nicolas avait l’habitude de boire quelques verres de vin en rentrant du travail pour “décompresser” ce qui le rendait agressif, surtout verbalement. Comme je ne me laissais pas faire, je rétorquais avec autant de violence et ça dégénérait vite. Plusieurs fois, nous nous sommes carrément battus. Dans ces moments, je le détestais tellement qu’il me semblait que je pouvais le tuer. Pourtant, le lendemain, je l’adorais toujours comme au premier jour et je me sentais incapable de vivre sans lui. Malheureusement, au bout de huit mois, il m’est arrivé ce que je craignais le plus : Nicolas est parti avec une autre. Là, je me suis complètement effondrée, j’ai avalé une vingtaine de pilules d’un somnifère et j’ai fini aux urgences. »

Un trouble assez répandu

D’après les recherches menées à ce sujet, le trouble de la personnalité borderline est relativement fréquent, car il touche environ 2 % de la population générale[1]. Chez les patients consultant en psychiatrie, sa fréquence est plus élevée : elle est de 10 % chez les patients ambulatoires et entre 20 % et 50 % chez les patients hospitalisés dans des centres de soins psychiatriques[2].

La prévalence du TPB semble varier selon les pays. Celui-ci serait plus fréquent dans les sociétés modernes

---

1. Torgersen S., Kringlen E., Cramer V. (2001), « The prevalence of personality disorders in a community sample », *Archives of General Psychiatry*, 58, p. 590-596.
2. Widiger T. A., Weissman M. M. (1991), « Epidemiology of borderline personality disorder », *Hosp. Community Psychiatry*, 42, p. 1015-1021.

industrialisées que dans les sociétés traditionnelles[1]. Dans les sociétés traditionnelles, les liens sociaux sont forts, ce qui renforce le sentiment de sécurité de base, notamment chez les individus fragiles. En revanche, dans les pays développés qui prônent l'individualisme, les liens sociaux sont faibles et précaires. Cela fragilise les individus vulnérables dont les sujets borderlines qui ont besoin d'un certain degré de dépendance affective pour pouvoir fonctionner de façon optimale. De même, dans ces pays, les normes sociales sont à la fois moins strictes et plus aléatoires, d'où l'apparition de comportements impulsifs et irréfléchis. Ce phénomène social renforce l'impulsivité des personnalités borderlines. En d'autres termes, des normes sociales plus strictes permettraient de canaliser une impulsivité forte en empêchant son expression incontrôlée.

Un trouble féminin ?

Selon les données obtenues auprès de patients consultant en psychiatrie, ce trouble est plus fréquent chez la femme que chez l'homme : 70 % des patients borderlines sont des femmes et seulement 30 % des hommes. Cependant, certains spécialistes considèrent que, au sein de la population générale, il existerait autant de femmes que d'hommes borderlines et que la différence observée dans les études épidémiologiques serait due au fait que les hommes borderlines consultent moins

1. Paris J. (2003), *Personality Disorders Over Time*, Washington DC, American Psychiatric Press.

souvent[1]. Par ailleurs, le TPB s'exprimerait différemment chez l'homme et chez la femme. Les femmes borderlines présenteraient plus de comportements autodestructeurs (automutilations, crises de boulimie, tentatives de suicide), tandis que les hommes présenteraient davantage de conduites agressives envers les autres.

1. Oldham J. M. (2006), « Borderline personality disorder and suicidality », *Am. J. Psychiatry*, 163 (1), p. 20-26.

CHAPITRE 3

Quels symptômes ?

Une difficulté à contrôler les émotions fortes

La caractéristique principale de tous les sujets borderlines, c'est une difficulté majeure à contrôler les émotions fortes. De nombreux experts de ce domaine considèrent que ce sont ces émotions mal contrôlées qui sont à l'origine des autres symptômes du TPB. Les réactions émotionnelles sont toujours disproportionnées par rapport à la situation : elles sont ou bien trop intenses ou bien inhibées.

Par exemple, le borderline peut devenir furieux face à une contrariété minime et donner l'impression d'être indifférent dans certaines situations face auxquelles la plupart des personnes auraient été bouleversées. De plus, ses réactions émotionnelles sont instables et imprévisibles.

La façon dont cette dysrégulation émotionnelle se manifeste sera décrite en détail plus loin.

Humeur changeante et émotions intenses

« Mon humeur change souvent au cours d'une journée. Ce matin, je me suis réveillée angoissée, même si je ne savais pas précisément pourquoi. Mon ami n'a pas réussi à me rassurer et je me suis mise en colère contre lui… Après notre dispute, j'ai éclaté en sanglots, car j'avais honte de tout ce que je lui avais dit. Pendant tout l'après-midi, je me suis enfermée dans ma chambre, j'étais déprimée et je pleurais comme une madeleine. Je me rends compte que tout m'atteint. Je n'en peux plus d'être aussi sensible. »

L'une des caractéristiques les plus marquantes des personnalités borderlines, c'est leur humeur instable qui change à la fois brusquement et rapidement. La tristesse, l'angoisse, la colère, la rage alternent au cours d'une même journée, même sans raison apparente. Les états émotionnels positifs tels que la joie, l'euphorie ou l'enthousiasme sont à la fois plus rares et plus courts. En dehors des fluctuations, l'humeur de base du borderline est d'une tonalité négative (morosité, ennui, tristesse).

L'instabilité de l'humeur est extrêmement déconcertante pour l'entourage qui a de la peine à comprendre pourquoi le borderline passe si vite du rire aux larmes, de l'angoisse à la colère et du silence total (bouderie) à l'agressivité. *« Il boude pendant des heures et, d'un seul coup, il se met à faire une crise de rage, à me crier dessus et à jeter par terre tout ce qu'il trouve sous la main. Dans ces moments, j'ai très, très peur de lui »*, raconte la mère d'un jeune homme de 22 ans.

Le borderline est en effet hypersensible et réagit de façon intense aux frustrations, même quand elles sont infimes. Ce qui suscite chez la plupart des gens une tristesse passagère entraîne chez lui un désespoir profond. Ce qui aurait rendu la plupart des gens quelque peu anxieux ou irritables provoque chez lui une angoisse ou une colère intense. Il peut se mettre à pleurer « pour un oui ou pour un non » ou se mettre en colère dès qu'il perçoit un regard qui lui paraît malveillant. Tout se passe comme s'il était dépourvu du « système immunitaire émotionnel » ou du filtre qui le protégerait contre ce qu'il ressent comme des « agressions externes », mais qui sont en réalité des « agressions internes », puisque ce sont ses propres réactions émotionnelles violentes qui l'envahissent ainsi de façon brusque et rapide. En d'autres termes, les réponses émotionnelles du borderline sont excessives, démesurées par rapport à la situation concernée. Martha explique : « *Tout ce que je ressens est violent. Toutes mes émotions sont trop fortes. Je suis toujours "trop" : trop angoissée, trop triste, trop timide, trop en colère, trop désespérée.* »

Les émotions du borderline se déclenchent facilement et deviennent rapidement intenses, mais s'atténuent lentement. Contrairement aux personnes qui ne souffrent pas de ce trouble, le borderline a beaucoup de peine à apaiser son angoisse ou sa rage en se focalisant sur des pensées rassurantes ou en s'engageant dans une activité relaxante. Martha raconte : « *Je me mets en colère très vite, mais j'ai beaucoup de mal à me calmer. La colère peut m'envahir pendant des heures, et m'empêcher de penser à autre chose qu'à l'objet de ma colère. Par exemple, si j'estime que quelqu'un m'a mal parlé et si je n'arrive pas à le lui dire, je ne vais penser qu'à ça toute la journée sans pouvoir faire autre chose.* »

Le borderline vit ses émotions violentes avec un sentiment d'impuissance : il a l'impression de ne pas pouvoir les contrôler. Il se sent littéralement victime de ses émotions, car celles-ci l'empêchent très souvent de réfléchir raisonnablement et le poussent à s'engager dans des activités autodestructrices (crise de boulimie, abus de drogues ou d'alcool, automutilations). On peut dire que, dans ces moments, ses émotions décident à sa place. Adrien, 28 ans, explique : « *Hier, j'étais trop angoissé et j'ai décidé de ne pas aller à une soirée à laquelle j'aurais tant aimé me rendre. Aujourd'hui, je me sens nul et j'ai honte de moi. Je me dis que je ne suis pas comme tout le monde. Je passe à côté des choses, à côté de ma vie à cause de mon trouble. Ce n'est pas la première fois que je rate des trucs importants à cause de mes symptômes : j'ai manqué des examens, des entretiens d'embauche, des vacances entre amis, etc.* » Le borderline regrette aussi des actes impulsifs commis sous l'emprise de la colère. Aurélie, 32 ans, se confie : « *Hier, je me suis fâchée contre mon compagnon et j'ai bu une bouteille de vin. J'étais si énervée et agressive que je l'ai menacé avec un couteau.* » Loïc, 24 ans, s'est disputé avec sa copine et s'est cogné la tête contre le mur. Toujours aussi angoissé, il s'est rendu dans sa chambre et a commencé à se scarifier les avant-bras avec une pointe de compas.

Le borderline est hypersensible aux paroles, gestes et attitudes des personnes de son entourage. Il réagit très mal même à des signes minimes ou imaginaires de désapprobation. Un simple haussement de voix, un froncement de sourcils ou une attitude légèrement distante peuvent le perturber et ébranler son estime de soi extrêmement fragile. Céline, 40 ans, explique : « *Dès qu'une personne est réservée ou froide avec moi, je me dis qu'elle ne m'aime pas et je me sens nulle.* » Les situations de séparation, de rupture ou d'abandon bouleversent le borderline au point d'entraîner des passages à l'acte graves (automutilations, tentatives de suicide).

DES RÉACTIONS ÉMOTIONNELLES EXCESSIVES FACE AUX ÉMOTIONS D'AUTRUI

L'hypersensibilité des sujets borderlines leur permet de percevoir vite l'état émotionnel des personnes avec qui il entre en contact. Ils ont des réactions affectives plus intenses aux émotions négatives des autres que les sujets qui ne souffrent pas de TPB.

Il est naturel d'éprouver de la compassion pour une personne en souffrance, mais le borderline peut être *profondément bouleversé* lorsqu'il perçoit la détresse de l'autre, qu'il s'agisse d'un proche ou d'un inconnu. Certains disent que même un film ou une publicité triste peut les déprimer. Céline raconte : « Quand je vois des SDF dans la rue, j'ai des larmes aux yeux, tellement ça m'attriste... Ensuite, je suis mal pendant des heures. Je me dis que je pourrais finir comme eux un jour. Quand je vois combien les passants sont indifférents face à cette misère, je me sens encore plus mal. Il me semble que nous vivons dans un monde d'abrutis insensibles. » Le borderline ressent les émotions qu'il perçoit chez l'autre en s'en imprégnant. Il peut aussi projeter sur l'autre sa propre souffrance, c'est-à-dire percevoir chez l'autre une souffrance qu'il ne parvient pas à identifier en lui-même. En d'autres termes, il se confond avec l'autre en ne sachant plus distinguer sa propre peine de celle de l'autre.

S'il se laisse rapidement atteindre par les émotions négatives des autres, leur joie et leur bonne humeur ont souvent l'effet inverse en suscitant des sentiments d'impuissance et de honte. Marie-Claire, 28 ans, nous a confié : « *Quand je vois des gens heureux, je suis dépitée. Je me dis que moi, je n'y arriverai jamais, que je n'ai pas le droit au bonheur, que je suis maudite.* »

Paradoxalement, dans certaines situations où la plupart des personnes seraient bouleversées par le malheur de l'autre, le borderline peut se montrer tout à fait insensible et détaché. Les propos de Séverine illustrent bien ce phénomène : « *Si je suis très mal moi-même, je n'arrive pas à me mettre à la place des autres, à être disponible pour les rassurer ou les consoler. Récemment, mon mari a traversé une épreuve difficile, mais je n'ai tout simplement pas pu être là pour lui. Je voyais qu'il souffrait, mais je me sentais complètement déconnectée et incapable de prononcer ne serait-ce qu'une parole rassurante. Il m'en veut et je m'en veux toujours, mais c'était plus fort que moi.* » Séverine fait parfois preuve d'un manque d'empathie qui peut s'avérer préjudiciable pour sa relation de couple.

Les recherches montrent que les borderlines éprouvent des difficultés à inférer correctement les émotions d'une personne à partir de son comportement. Par exemple, ils interprètent souvent mal un comportement ambigu d'un proche ou d'un collègue. Emmanuel, 26 ans, se plaint : « *Si un ami ne décroche pas lorsque je l'appelle, je me dis qu'il ne veut pas me parler, parce qu'il me trouve terne et ennuyeux et je me sens rejeté et abandonné.* »

Emmanuel prend pour lui l'indisponibilité de son ami. D'autres explications plus réalistes et plus probables ne lui viennent pas à l'esprit, car il éprouve des doutes profonds sur sa propre valeur. Il est tout à fait normal que ses amis ne soient pas toujours disponibles pour lui parler, mais l'image qu'il a de lui-même est si fragile que même des comportements des autres attendus et appropriés peuvent le faire douter de lui.

Bien souvent, les sentiments et les pensées que le borderline attribue à autrui relèvent de lui-même. Il s'agit d'un mécanisme de défense que les psychologues appellent « projection ». La projection de ses propres sentiments sur autrui est généralement source de malentendus, de disputes, voire de rupture où chaque protagoniste se sent incompris Par exemple, Vanessa croit que sa sœur la déteste, alors que c'est elle-même qui éprouve inconsciemment des sentiments hostiles à l'égard de celle-ci sans pouvoir se l'avouer.

La perturbation émotionnelle du borderline se manifeste aussi par son incapacité à avoir des sentiments nuancés à l'égard d'une personne ou d'une situation. Soit il aime, soit il déteste, et il peut passer rapidement d'une émotion extrême à une autre. On abordera cette caractéristique de façon plus détaillée dans le chapitre consacré aux relations interpersonnelles du borderline.

ANGOISSE

Le borderline est constamment angoissé, mal à l'aise, mal dans sa peau. Il vit dans un état de tension quasi permanent, d'autant plus déconcertant qu'il a de la peine à comprendre son origine. Il se sent constamment mal sans savoir pourquoi. Son angoisse est floue, mal définie, flottante, et s'exprime de façons diverses.

Elle peut l'envahir très rapidement, pour les raisons en apparence les plus anodines, en atteignant bien souvent l'intensité de ce que l'on appelle une crise d'angoisse ou une attaque de panique. Celle-ci correspond à une peur intense qui provoque de nombreux symptômes somatiques : le sujet a la sensation d'avoir le souffle coupé, son cœur bat très vite, il transpire, il a l'impression d'étouffer, il a très peur de devenir fou ou de perdre le contrôle de lui-même. Il peut aussi avoir l'impression d'être déconnecté de la réalité, voire de ne pas exister, et l'environnement peut lui paraître étrange. Les attaques de panique sont déstabilisantes du fait de leur caractère imprévisible. Tel un coup de tonnerre dans un ciel calme, le sujet ne sait jamais en avance à quel moment l'angoisse va s'emparer de lui en lui brouillant le jugement et en le poussant à faire des actes absurdes dont il a honte et qu'il regrette. Marie-Claire explique : « *Il m'est arrivé de faire une crise d'angoisse dans un supermarché : je suis devenue toute rouge, j'avais peur de m'évanouir, je ne sentais plus mes jambes… J'étais si angoissée que j'ai laissé tomber le panier que je tenais et que je me suis mise à courir pour m'échapper le plus vite possible. Les vigiles ont cru que j'avais volé quelque chose et ont commencé à me poursuivre pour m'attraper. J'ai eu tellement honte que je n'ose plus aller faire mes courses non seulement dans ce supermarché, mais aussi dans tous les autres.* »

L'angoisse peut prendre la forme de peurs absurdes surgissant à certains moments, telles que celle du noir, celle de la foule, celle du regard d'autrui, etc. Certains sont gênés par le regard des autres dans des lieux publics : ils ont l'impression d'être dévisagés et jugés. Céline se confie : « *Quand je suis très stressée, j'ai peur de tout, de la foule, du regard des inconnus dans le métro. Dès que je m'aperçois que quelqu'un me regarde, je me demande ce qu'il me veut... Le soir, quand je me couche, j'ai peur du noir. Comme une petite fille apeurée, je dors avec la lumière allumée.* »

COLÈRES

« *Il m'en faut très peu pour piquer une colère. Je m'énerve très, très vite.* »

La colère est une émotion qui apparaît comme réaction à l'égard de ce que l'on identifie, à tort ou à raison, comme une source de frustration. Elle est vécue à l'égard d'une personne ou d'une situation qui fait obstacle à l'accomplissement d'un désir ou d'un besoin affectif.

Les borderlines ont beaucoup de mal à gérer leur colère : certains l'inhibent et la répriment ; d'autres l'expriment de façon excessive et inappropriée, ce qui est à l'origine de problèmes relationnels plus ou moins graves.

Ils peuvent devenir furieux dans des situations qui ne justifient pas de telles réactions. Une contrariété ou une déception paraissant banale aux yeux des autres peut déclencher chez eux un accès de colère démesuré au cours duquel ils perdent le contrôle d'eux-mêmes au point de crier, de lancer des insultes, voire parfois d'agresser physiquement l'autre. Une fois la crise passée, ils se sentent coupables et déprimés ; ils éprouvent des remords et redoutent les conséquences de leurs actes. Marjorie, 37 ans, raconte : « *Hier, je me suis fâchée avec mon compagnon et je n'ai pas pu m'empêcher de le traiter de tous les noms. J'ai failli le gifler. Ensuite, je m'en suis voulu et je me suis sentie nulle et méchante... Il me semble qu'il y a en moi un monstre qui se réveille souvent malgré moi et qui veut détruire tous ceux qu'il croise sur le chemin. J'ai souvent très peur de moi-même dans ces moments. En même temps, j'ai honte de ce personnage méchant qui m'habite.* » La tendance à exprimer de la colère de façon violente est source d'angoisse et de honte pour la plupart des sujets borderlines d'autant plus qu'ils la ressentent comme un aspect d'eux-mêmes qu'ils se sentent incapables de maîtriser.

Certains borderlines considèrent que leurs crises de colère sont justifiées et, d'une certaine façon, positives. Annick, 27 ans, dit : « *Je me suis tellement fait écraser par les autres lorsque j'étais plus jeune que, maintenant, je suis fière de moi quand je me mets en colère... Quand je crie sur quelqu'un, et notamment sur ma mère, je me sens plus forte.* » Le fait de pouvoir exprimer sa colère de façon violente est vécu par Annick comme une manifestation de sa force et de son pouvoir en réponse à la crainte d'être dominée ou contrôlée par les autres et surtout par sa mère. Cependant, les colères excessives et inappropriées sont toujours révélatrices de la fragilité psychologique du sujet. La personne qui est en colère, même si elle donne l'impression d'être très forte, se sent au fond d'elle-même très faible et vulnérable.

Certains sujets borderlines ressentent la plupart du temps de la rage et de l'irritabilité. Ils expriment leur agressivité de façon détournée en se montrant ironiques, sarcastiques, mordants et/ou en cherchant à provoquer le conflit avec leurs proches. Il s'agit de personnes à la fois anxieuses et irascibles. Céline raconte : « *Mon copain me dit qu'il en a marre de moi, car il y a des jours où je le cherche dès le réveil. Je n'arrête pas de lui reprocher de ne pas être assez attentionné, assez généreux, assez doux... Je le provoque sans cesse, c'est plus fort que moi. Au début, il ne réagit pas, mais j'insiste jusqu'à ce qu'il réagisse, et souvent, ça finit très mal.* »

En général, ses proches finissent par comprendre qu'il faut faire très attention à la façon dont on parle au borderline, car il risque de prendre mal même des paroles bienveillantes dites sur un ton qu'il perçoit comme sévère ou dur. Les propos de la mère d'un patient borderline l'illustrent bien : « *C'est comme si je devais marcher tout le temps sur les coquilles d'œufs. Un rien peut lui faire perdre le contrôle.* » Cette appréhension constante des réactions du borderline instaure un climat familial extrêmement tendu et stressant.

En général, la colère apparaît lorsque les besoins affectifs du sujet ne sont pas satisfaits : lorsqu'il se sent incompris par les autres et estime qu'on ne s'intéresse pas assez à lui ou qu'on ne lui manifeste pas assez d'affection et de soutien. Paradoxalement, au lieu de l'aider à obtenir ce dont il a besoin (affection, soutien), la colère l'éloigne des autres et l'isole. En thérapie, le sujet devra apprendre à exprimer sa colère de façon plus adaptée pour ne pas être rejeté par les autres.

TOUS LES BORDERLINES NE SONT PAS COLÉRIQUES !

Si une partie des sujets borderlines ne parvient pas à maîtriser sa colère, une autre, peut-être tout aussi importante, se trouve dans l'impossibilité de l'exprimer ouvertement. Parmi ces derniers, on note deux types de personnes.

Les premières sont celles qui refoulent leur colère et ne sont pas conscientes de son existence. Elles disent que c'est une émotion qui leur est étrangère et qu'elles condamnent chez les autres : « *J'ai horreur des gens colériques, ça me fait peur. Moi, je ne suis jamais en colère.* »

Le second type de sujets borderlines correspond à ceux qui ressentent de la colère, mais n'osent pas l'exprimer. Ils l'inhibent, car celle-ci est vécue comme potentiellement dangereuse, comme si elle pouvait à tout moment détruire les liens et provoquer l'abandon. Ces personnes évitent tout type de conflit, car elles ne peuvent pas supporter la tension que la confrontation avec l'autre implique. Elles ont le sentiment que si elles osaient exprimer leur colère, l'autre finirait par se fâcher et les abandonner. Certaines craignent de se montrer excessivement violentes, comme Martha : « *Je n'ose pas me mettre en colère, car j'ai peur de devenir trop agressive et violente… Il me semble que si je laisse parler ma colère, je vais détruire tout le monde.* »

DESTIN ET ORIGINES DE LA COLÈRE RÉPRIMÉE

La colère réprimée ne disparaît pas, même si on fait de son mieux pour ne pas l'entendre ! Elle trouve plutôt des voies détournées pour se manifester. Elle peut ainsi se déguiser en maux somatiques variés (de tête, de ventre, de cou) dont on ne comprend pas l'origine. En d'autres termes, le corps exprime de la colère même si celui qui en souffre a du mal à l'entendre.

La colère réprimée peut aussi se transformer en une rage insupportable que le sujet tente d'évacuer par des gestes autoagressifs (automutilations, prises de drogues ou d'alcool). Ainsi, lorsque nous ne voulons pas entendre notre colère et que nous ne lui donnons pas le droit d'exister en l'exprimant, celle-ci devient notre pire ennemi et peut nous détruire.

D'où vient donc cette répression ? Les personnes qui étouffent leur colère ont souvent grandi dans des familles où toute expression de ce type était interdite ou sévèrement punie. Les parents ne toléraient pas que l'enfant puisse exprimer son mécontentement ou sa frustration, même s'ils étaient justifiés. Imaginons le cas d'un petit qui exprime une émotion de colère intense et qui, plutôt que de recevoir de l'aide pour parvenir à identifier et à exprimer adéquatement son sentiment, se voit critiqué et rejeté. Mélissa, 28 ans, raconte : « *Étant petite, quand je me mettais en colère, ma mère n'arrêtait pas de me dire que j'étais insupportable et qu'elle allait m'abandonner.* » À l'âge adulte, ces personnes n'arrivent plus à identifier leur colère ou, si c'est le cas, l'étouffent de façon plus ou moins inconsciente.

UN SENTIMENT DE VIDE

Après une rupture sentimentale ou la perte d'un être cher, tout individu ressent à un degré variable un sentiment de vide d'autant plus vivement éprouvé qu'il contraste avec l'état antérieur. En revanche, chez la plupart des sujets borderlines, cet état est constant. Il ne s'agit donc pas d'un sentiment lié à un événement de vie en particulier, mais d'une modalité existentielle.

À la différence d'une personne ayant perdu un être cher qui lui manque, le borderline ressent un manque flou, difficile à déterminer. Tout se passe comme s'il n'y avait rien qui le mobilisait de l'intérieur, comme s'il était éteint, dépourvu d'énergie vitale qui le pousserait à désirer et à agir. Ce peut être accompagné d'une impression de ne rien pouvoir éprouver, voire de ne pas être vraiment réel. Dans ces cas, il a le sentiment d'agir mécaniquement sans être réellement concerné, ni par ses propres conduites ni par celles de son entourage. Aurélie, 27 ans, décrit ainsi cet état : « *J'ai l'impression que tout m'est égal, que je réussisse ou que j'échoue, que je sois en vie ou morte… Je ne suis pas triste, mais terriblement désabusée, je ne crois plus en rien. Plus rien ne me touche, je ne suis même pas capable de pleurer… Je regarde des nouvelles à la télé avec des images de guerre, de mort, de sang, mais ça ne me fait plus rien… J'ai l'impression d'avoir subi une anesthésie affective et parfois même de ne pas être réellement vivante.* »

Ce vécu de vide conduit à se sentir déconnecté des autres, différent, incompris, décalé. La plupart des personnes luttent activement contre ce sentiment pénible : certaines en ayant recours aux drogues, à l'alcool ou aux automutilations, d'autres en étant hyperactives. Marion, 38 ans, explique : « *J'ai peur du vide, c'est pourquoi je m'occupe sans cesse… Je fais deux heures de sport par jour. Quand je me vide physiquement, je n'ai plus de force pour réfléchir à ma vie pourrie et je peux dormir plus ou moins tranquillement.* »

UNE ALTÉRATION DES PERCEPTIONS ET DU RAISONNEMENT

Les états émotionnels intenses perturbent les capacités de mémorisation et de raisonnement chez tout être humain, c'est-à-dire même chez les personnes qui ne souffrent pas du TPB. La plupart d'entre nous se rappellent difficilement des détails d'événements qui ont suscité un stress intense, un incendie ou un accident de voiture, par exemple. Notre capacité de raisonnement dans ces situations est également altérée. Lorsque nous sommes paniqués ou en colère, nous sommes moins aptes à prendre des décisions intelligentes. C'est pourquoi les professionnels qui sont souvent confrontés à des situations impliquant un danger vital, tels les soldats, les médecins, les policiers et les pompiers, sont rigoureusement sélectionnés en fonction de leur aptitude à supporter le stress dans des situations dangereuses. Au cours de leur formation, on leur apprend qu'ils ne doivent surtout pas paniquer afin de ne pas réagir de façon inappropriée.

La tolérance au stress des sujets borderlines est plus faible que celle des individus dits normaux. Même les situations objectivement peu stressantes peuvent leur faire perdre leur calme. Les émotions violentes engendrées par le stress perturbent leur capacité à se concentrer, à organiser leur pensée et leurs actes. Dans de telles situations, résoudre des problèmes complexes et envisager des solutions constructives devient difficile. L'angoisse et/ou la colère peut ainsi pousser le borderline à prendre des décisions irréfléchies et à faire des choix inappropriés qu'il regrette plus tard. Même si ces difficultés ne font pas partie des critères diagnostiques du trouble, elles en constituent les caractéristiques importantes.

SYMPTÔMES DISSOCIATIFS ET IDÉES DE PERSÉCUTION

Lors des situations de stress intense, notamment lorsqu'il craint le rejet ou l'abandon, l'angoisse du borderline peut devenir forte au point d'entraîner la survenue d'idées et de perceptions irréelles.

Dans ces moments, il peut s'imaginer que les personnes de son entourage lui veulent du mal, cherchent à l'attaquer, complotent contre lui, rejettent sur lui des fautes qu'il n'a pas commises, etc. En d'autres termes, il interprète de façon négative les événements ou les comportements des autres en leur attribuant des intentions malveillantes : il peut s'imaginer que tel ami qui ne répond pas au téléphone veut se débarrasser de lui, le rejette et lui veut du mal ou que les personnes de son entourage veulent délibérément le blesser, l'humilier, voire abuser sexuellement de lui. Certains sujets disent : *« Je deviens parano lorsque je suis stressé. »* Ces manifestations, les spécialistes les appellent « idéation persécutoire » ; elles peuvent être considérées comme une exacerbation de la méfiance qui est souvent présente chez les sujets borderlines.

Les idées de persécution peuvent aussi apparaître suite à une consommation excessive de drogues, et en particulier de cocaïne.

Outre les idées de persécution, une angoisse intense peut susciter le sentiment d'être « ailleurs », « dans une autre dimension », coupé de ses émotions et de son corps, d'être irréel, voire de ne pas exister. L'environnement, y compris son cadre de vie habituel, peut paraître changé, différent, étrange. Les sensations corporelles inhabituelles peuvent également survenir. Marion décrit son expérience de ces symptômes : « *Quand je suis très angoissée, j'ai l'impression d'avoir les jambes en coton. Les choses autour de moi me semblent être sans consistance, comme si, quand je touche une table, elle pouvait fondre, comme si les murs pouvaient tomber à tout moment... C'est très effrayant.* »

Ces expériences, appelées « dissociatives », sont d'autant plus effrayantes que le sujet en est complètement conscient, mais incapable de les maîtriser. Arnaud, 35 ans, explique : « *Dans ces moments, je me sens différent, comme si mon corps ne m'appartenait plus. En même temps, j'en suis totalement conscient, comme s'il y avait en moi un témoin de tout ça... Ce qui m'angoisse le plus, c'est que je ne sais jamais quand ça commence et quand ça s'arrête. Tout me tombe dessus malgré moi et j'appréhende toujours le moment où ça va m'arriver.* »

La survenue des hallucinations brèves fait partie des expériences dissociatives. Marion explique : « *Quand je suis mal, j'ai l'impression de voir des petites bêtes, des espèces de lézards par terre. Au départ, ça me faisait peur, mais, avec le temps, je me suis habituée.* »

Ces symptômes dissociatifs apparaissent généralement au cours des attaques de panique (voir p. 142) d'où le sentiment de ne pouvoir les contrôler. Ils disparaissent généralement avec l'atténuation du stress même sans traitement médicamenteux.

Les troubles du comportement

L'IMPULSIVITÉ

Le sujet borderline tolère mal les frustrations, auxquelles il réagit de façon impulsive, le plus souvent en ayant recours à des actes autodestructeurs. Toute contrariété, toute déception, toute désillusion déclenche l'éruption d'émotions pénibles qu'il ne parvient ni à maîtriser ni à supporter. Le passage à l'acte s'impose alors comme la seule solution à ce malaise intenable qu'il faut neutraliser le plus vite possible. Incapable de réfléchir, il est poussé par une impulsion irrépressible d'agir dans l'immédiat. En fonction de ses habitudes ou des circonstances, il se mettra à boire de l'alcool ou à abuser de drogues ; il avalera une quantité énorme de nourriture pour ensuite se faire vomir ; il se livrera à des achats inconsidérés, etc. Céline explique : « *Après les disputes avec ma mère, je me sens si mal et si nulle que je vais dans un bar pour m'enivrer. Ça me permet de tout oublier.* »

L'impulsivité est un trait de personnalité en partie prédéterminé génétiquement et biologiquement. Les sujets borderlines doivent savoir qu'une consommation excessive de drogues et d'alcool renforce ce trait.

L'impulsivité a comme conséquence des problèmes relationnels persistants. Les crises de colère et autres réactions excessives et brusques conduisent en effet à des relations sentimentales instables, émaillées de nombreuses disputes, ruptures, réconciliations suivies de nouvelles ruptures, etc.

L'impulsivité s'observe dans d'autres pathologies mentales, mais celle des sujets borderlines a la particularité de se manifester suite à des problèmes relationnels et d'être autodestructrice.

LE MANQUE DE LIMITES

Comme on l'a déjà souligné à plusieurs reprises, le borderline a beaucoup de mal à « gérer » ses comportements et ses émotions. Il agit en fonction de ses émotions du moment sans considération pour les conséquences de ses actes. Son intolérance à la frustration rend difficile l'accomplissement de tâches à long terme, particulièrement lorsque celles-ci sont ennuyeuses et routinières.

Nombreux sont ceux qui n'ont aucun sens de l'organisation et manquent de discipline. Ils gèrent mal leur temps et leur argent. « *Je suis constamment à découvert, alors que je gagne bien ma vie. Le jour où je touche mon salaire, je m'achète plein de fringues, je sors avec mes amis et j'invite tout le monde. Très vite, je me retrouve sans argent et j'en demande à mes parents. Ils en ont déjà marre de moi* », se lamente Anne-Laure. L'entourage finit par se lasser de son irresponsabilité et rompt tout contact : « *Il m'est arrivé plein de fois de poser un lapin à mes amis. Si je n'ai pas le moral et que je n'ai pas envie de l'expliquer, je ne viens tout simplement pas au rendez-vous. Sinon, j'arrive avec une heure de retard et l'ami qui m'attend est déjà parti.*

J'ai fini par perdre beaucoup de relations qui ne voulaient plus tolérer ce genre de comportement. »

Marion est à la recherche d'un emploi ; elle a trouvé une annonce pour un poste intéressant, mais elle n'a pas réussi à postuler : « *Il fallait remplir des tas de formulaires que j'avais du mal à comprendre. Il y avait trop de choses à faire et je n'ai trouvé personne pour m'aider à rédiger ma lettre de motivation et mon CV. Je me suis dit que, si c'était comme ça, je n'allais pas postuler. C'était trop compliqué ; j'en ai eu marre.* »

Comme Marion, certaines personnes atteintes du TPB remettent tout au lendemain. Lorsqu'elles commencent une tâche, c'est à contrecœur, comme s'il fallait la faire pour quelqu'un d'autre. Elles ne parviennent pas à se concentrer et à persévérer. Même lorsqu'elles sont motivées pour faire quelque chose, cela leur paraît difficile. Elles préfèrent être soulagées en évitant une tâche qui leur semble compliquée, plutôt que de penser à leur objectif à long terme. C'est pourquoi elles ne progressent pas dans leur carrière. Elles ne vont jamais au bout de leurs possibilités, car elles se sentent inaptes en raison de leurs échecs.

Dans le domaine du travail, le manque de limites peut se manifester à travers la difficulté à respecter le cadre et à supporter les contraintes, les limites et l'autorité. C'est pourquoi de nombreux borderlines choisissent des professions libérales, le plus souvent artistiques. Parmi ceux qui travaillent dans des milieux plus structurés, certains se plaignent d'être souvent en conflit avec leurs supérieurs hiérarchiques ou leurs collègues. Émilie se confie : « *Je n'aime pas qu'on me commande. J'ai beaucoup de mal à supporter les remarques de mon chef et il m'arrive souvent de lui répondre en haussant le ton. Je le regrette aussitôt, d'autant plus que j'en subis les conséquences, mais, sur le coup, je ne peux tout simplement pas m'empêcher de réagir comme ça.* »

Certains évitent les conflits au travail, mais démissionnent à la suite du moindre désagrément, ce qui aboutit à un parcours professionnel chaotique, marqué par des changements fréquents non seulement de poste, mais aussi de filière professionnelle.

Les personnes qui manquent de limites ont beaucoup de mal à tolérer qu'on leur dise « non », notamment quand il s'agit de leur partenaire. L'ami d'une patiente borderline explique : « *Si je ne fais pas comme elle veut, elle devient furieuse et me traite de tous les noms. Elle est constamment insatisfaite.* »

Au cours d'une psychothérapie, le manque de limites se manifeste à travers la tendance à être systématiquement en retard, à annuler les séances à la dernière minute, à ne pas venir sans prévenir, etc.

LES AUTOMUTILATIONS

Les automutilations renvoient aux blessures corporelles que le sujet s'inflige, comme le fait de se couper les avant-bras avec un objet tranchant, de s'écorcher, de se cogner la tête contre le mur, de se brûler avec une cigarette ou un fer à repasser. Contrairement aux tentatives de suicide, ces conduites ne sont pas motivées par le désir de mourir. De nombreux spécialistes les considèrent comme une spécificité du trouble borderline permettant de confirmer le diagnostic du trouble, lorsqu'on peut écarter l'hypothèse d'une psychose (schizophrénie) ou d'un retard mental.

Les automutilations sont à la fois bouleversantes et déconcertantes pour les proches qui ne comprennent pas ce besoin de se faire du mal. Certains y voient l'envie d'attirer l'attention sur soi ou d'obtenir quelque chose. Or les recherches scientifiques montrent que la plupart des sujets borderlines ont honte de leurs scarifications et de leurs brûlures, et qu'ils font de leur mieux pour les cacher (par exemple, en portant des chemises à manches longues même lorsqu'il fait chaud)[1].

D'après les résultats des études, les automutilations peuvent avoir plusieurs fonctions psychologiques.

• Apaiser les émotions fortes : de nombreux sujets disent que ces conduites leur permettent de soulager un état de tension insupportable et d'atténuer l'angoisse, le désespoir, la colère, la culpabilité ou la honte : « *Quand je suis très en colère, je m'écorche la peau avec des ciseaux, ça me permet d'évacuer des tensions.* »

• Se punir : les automutilations peuvent représenter un moyen de se punir en réaction aux sentiments d'être mauvais, de ne rien valoir, d'être extrêmement coupable, etc. « *Quand je me sens mauvaise, nulle, dégoûtante, je me coupe pour me punir. Bizarrement, ça me soulage.* »

• Rendre la détresse émotionnelle plus concrète : la souffrance psychique des sujets borderlines leur est à la fois intolérable et incompréhensible. Ils se sentent très mal sans comprendre pourquoi. Les automutilations

1. Brodsky B. S., Malone K. M., Ellis S. P. *et al.* (1997), « Characteristics of borderline personality disorder associated with suicidal behavior », *Am. J. Psychiatry*, 154, p. 1715-1719.

peuvent constituer un moyen de traduire la douleur morale par la douleur physique afin que la première devienne plus réelle, concrète et « justifiée » : « *Souvent je ne sais pas pourquoi je me sens si terriblement vide et déprimée. Quand je me brûle la peau avec des cigarettes, au moins, je sais pourquoi je souffre.* »

• Retourner l'agressivité sur soi : de nombreux sujets borderlines sont facilement contrariés par les autres, mais n'osent pas exprimer leur colère. Ayant profondément peur des conflits, ils retournent l'agressivité contre eux-mêmes en se blessant délibérément.

• Atténuer le sentiment de vide et d'irréalité : certains sujets affirment que ces conduites douloureuses leur permettent de « se sentir exister » et d'échapper aux sentiments d'irréalité et de vide : « *Je me coupe pour me sentir vivante.* »

• Se distraire : tout comme les crises de boulimie, l'abus de drogues ou d'alcool, les automutilations permettent de « penser à autre chose » ou plutôt de ne pas penser, c'est-à-dire de détourner l'attention des émotions pénibles en la focalisant sur ces conduites. Les automutilations servent à certains à chasser les mauvais souvenirs : « *Quand je me sens terriblement vide ou quand les idées noires m'envahissent l'esprit, je me coupe les avant-bras, ça me permet de ne pas y penser.* »

Les automutilations peuvent avoir plusieurs fonctions à la fois dont les sujets ne sont pas toujours conscients.

QU'EST-CE QUI MÈNE AUX AUTOMUTILATIONS ?

Un processus typique y mène. Un événement négatif (rejet, séparation, abandon réel ou imaginaire) survient et conduit le borderline à se sentir extrêmement coupable, sans valeur, seul et abandonné. Les émotions douloureuses s'intensifient en lui envahissant l'esprit, en brouillant le jugement. Il éprouve une tension interne grandissante et insupportable qui pousse à se cogner la tête contre le mur, à se couper ou à se brûler. Certains arrêtent de se blesser au moment où ils commencent à ressentir la douleur, d'autres lorsqu'ils voient le sang couler. Un soulagement immédiat s'ensuit. Marie, 23 ans, explique : « *Quand je vois le sang couler et quand je commence à ressentir la douleur, bizarrement, toutes ces tensions à l'intérieur de moi sortent et je me sens de nouveau maîtresse de moi-même et en contact avec la réalité.* »

Nicole, 22 ans, recourt souvent aux automutilations afin de « gérer » sa colère, son angoisse et sa culpabilité. « *Quand je me fâche contre mon petit ami ou une autre personne, je me sens coupable d'être en colère ; je me crois mauvaise et je me hais. Pour me punir, je commence à me couper avec une lame de rasoir. Alors, j'arrive à moins penser à ces émotions insupportables. D'habitude, je m'égratigne la peau, mais, si je me sens très mal, j'appuie la lame plus fort pour que le sang commence à couler. Ça me soulage immédiatement.* »

La raison expliquant cette sensation d'apaisement est loin d'être claire. Même si ces conduites peuvent permettre de soulager la culpabilité en se punissant, il est également possible que certains mécanismes physiologiques (soulagement d'un type de douleur en induisant un contre-stimulus, libération d'endorphines, etc.) soient impliqués. Par ailleurs, de nombreux sujets disent ne pas ressentir de la douleur même lorsque la violence physique qu'ils s'infligent est très forte.

Bien que les automutilations ne soient pas motivées par le désir de mourir, elles doivent être prises au sérieux, car elles augmentent le risque suicidaire[1].

LES TENTATIVES DE SUICIDE

« Je suis souvent attirée par la mort, la vie me dégoûte et je pense souvent au suicide. »

Le taux de suicide des sujets borderlines est vingt fois plus élevé que dans la population générale : il est estimé à 10 % environ. Cependant, les tentatives de suicide sont considérablement plus fréquentes que le suicide accompli. Il est estimé qu'environ 75 % de patients borderlines auraient présenté au moins une tentative de suicide.

Il existe une croyance largement répandue sur ce qui conduit une personne à devenir suicidaire : on estime qu'une période prolongée de dépression, de désespoir et d'isolement culmine dans le sentiment que la vie ne vaut pas la peine d'être vécue et pousse la personne à tenter de mettre fin à sa vie. Si la personne ne parvient pas à se donner la mort, elle se sent frustrée.

Ce processus explique bien les comportements suicidaires des sujets déprimés, mais, dans la plupart des cas,

1. Soloff P. H., Fabio A. (2008), « Prospective predictors of suicide attempts in borderline personality disorder at one, two, and two-to-five year follow up », *J. Pers. Disord.*, avril, 22 (2), p. 123-134.

il ne s'applique pas aux sujets borderlines qui y recourent plutôt pour apaiser des états de tension insupportables que pour mourir. En d'autres termes, les tentatives de suicide chez les sujets borderlines ont souvent la même fonction que les automutilations. Ce qui les distingue de ces dernières, c'est le fait qu'elles impliquent une intention, au moins partielle, de mourir.

Tout comme les automutilations, les tentatives de suicide ont lieu le plus souvent à la suite de problèmes relationnels qui engendrent un sentiment d'abandon. Après une dispute avec son partenaire ou une rupture, le borderline se sent si perdu, angoissé et anéanti qu'il est incapable de se rassurer en envisageant des solutions constructives, comme la plupart d'entre nous. Le désespoir qu'il vit lui paraît insurmontable et intolérable et l'idée du geste suicidaire s'impose comme la seule porte de sortie. Il se met à penser au moyen par lequel il souhaite mettre fin à sa vie (médicament, pendaison) ou encore au soulagement qu'il espère obtenir grâce à ce geste (perte de conscience ou disparition de la souffrance). L'impulsion est souvent si forte et si irrépressible qu'il choisit la voie la plus facilement accessible. Le plus souvent, il s'agit des médicaments. C'est pourquoi les proches devraient veiller à ce que le borderline n'en ait jamais à sa disposition des quantités importantes dont il serait susceptible d'abuser.

Après une tentative de suicide n'ayant pas conduit à la mort, l'état de tension disparaît immédiatement. C'est une véritable catharsis que décrivent certains sujets, qui se disent transformés par cet acte, capables de vivre depuis qu'ils ont risqué leur vie. À leurs yeux, c'est un événement positif qui marque un nouveau départ, une renaissance. Malheureusement, le soulagement n'est que temporaire et la tentation de mettre fin à sa vie réapparaît dès qu'ils sont de nouveau confrontés à la détresse.

Le sujet borderline recourt aux gestes suicidaires pour des raisons diverses : se punir, atténuer son désespoir, fuir une situation pénible, mais aussi pour se venger, créer des ennuis à quelqu'un, obtenir quelque chose ou tout simplement appeler au secours. L'envie de pousser les proches à réagir et de mettre à l'épreuve leur amour inconditionnel est l'une des raisons les plus fréquentes. Julie, 23 ans, raconte : « *Lorsque j'ai l'intention de me suicider, je préviens tous mes amis et mes connaissances. Chaque fois, je suis terriblement déçue par leur indifférence. La plupart changent tout simplement de sujet. Je sens alors que je ne compte pour personne.* » Elle a de la peine à comprendre que ce type d'alerte peut en fait effrayer les amis au point qu'ils ne sachent pas comment réagir.

Notre expérience clinique montre que, face aux menaces suicidaires fréquentes, les proches peuvent devenir blasés au point de ne plus y prêter l'attention. Or il ne faut pas oublier qu'un suicide accompli est toujours à redouter chez une personne ayant fait plusieurs tentatives, d'autant plus que le risque suicidaire augmente avec leur nombre. De ce fait, lorsque les idées suicidaires deviennent obsédantes ou le passage à l'acte imminent, le borderline ou ses proches doivent prendre contact avec un psychiatre de toute urgence.

Les troubles de l'identité

« Je ne sais pas qui je suis. Je suis complètement contradictoire : un jour, je veux une chose ; le lendemain, autre chose. Je ne sais pas ce que je veux ni où je vais dans ma vie. »

La perturbation de l'identité est la caractéristique présente chez quasiment tous les sujets borderlines.

Tout d'abord, il s'agit d'une perturbation de l'image et de la notion de soi.

L'image que le sujet borderline a de lui-même est extrêmement fragile et instable. Elle varie en fonction des événements de vie, des circonstances, notamment de la qualité des relations avec l'entourage. Cette image ressemble à un miroir qui peut se briser à tout moment, surtout s'il est touché sans beaucoup de soin et de délicatesse. Même une critique bienveillante peut susciter des doutes profonds. Amélie, 35 ans, explique : *« Hier matin, mon chef m'a gentiment reproché d'être souvent en retard le matin. Il avait raison, mais ça m'a mis tellement mal à l'aise que j'ai eu honte de moi et je me suis sentie coupable pendant des heures après. Je ne pensais plus qu'à ça et ça m'empêchait de me concentrer sur mon travail. Même le soir, lorsque je suis rentrée chez moi, je me sentais toujours minable… C'était si pénible que je me suis empiffrée de tout ce que j'ai trouvé dans le frigo et je me suis fait vomir. »* Cet exemple montre combien même une critique justifiée et gentiment formulée peut amener le borderline à se dévaloriser *totalement*.

Encore plus que les critiques, les expériences de rejet et de séparation déclenchent le sentiment insupportable d'être extrêmement mauvais et sans valeur. Cette autodépréciation se transforme rapidement en véritable haine de soi, poussant le borderline à des actes autodestructeurs. Céline se confie : « *Quand j'ai l'impression que mon copain est sur le point m'abandonner, je me sens moins que rien, nulle, bête, inintéressante ; je me dis que je ne mérite pas de vivre et je commence à me couper les bras avec une lame de rasoir.* »

Les fluctuations de l'image que le borderline a de lui-même dépendent non seulement des circonstances extérieures, mais aussi de ses variations d'humeur. S'il est de mauvaise humeur, il a automatiquement tendance à se déprécier et à penser à tous ses défauts et à tous ses échecs.

La plupart des sujets borderlines se plaignent d'avoir une estime d'eux-mêmes *constamment* mauvaise, tandis que d'autres oscillent entre l'idéalisation et la dévalorisation. Ayant de la peine à avoir une représentation stable, nuancée et réaliste d'eux-mêmes, ces derniers se perçoivent comme tout bons ou tout mauvais en fonction de ce qu'ils sont en train de vivre à ce moment précis. Quentin, 32 ans, nous a confié : « *Là, je me sens vraiment nul, parce que je n'ai pas de travail. Je passe mes journées à boire des bières, mais je sais que je peux être vraiment exceptionnel.* »

La perturbation identitaire peut se manifester d'autres façons.

Les difficultés d'engagement à long terme dans une voie, professionnelle ou autre, révèlent un sentiment d'identité fragile. Nombre de sujets borderlines peinent à poursuivre des buts à long terme, leurs intérêts variant au gré des moments, des situations et des personnes qu'ils rencontrent. Ils peuvent s'investir intensément dans une action politique ou un engagement religieux et rompre cet engagement pour un autre quelques jours et quelques semaines plus tard. Un scénario similaire peut se produire au travail : le sujet trouve un emploi qui semble l'intéresser ; il s'y montre compétent et reconnu par l'employeur, mais, au moment où il se dit lui-même satisfait, une rupture a lieu (absentéisme, excès alcoolique). Ainsi, de nombreuses personnes souffrant du TPB vivent au jour le jour, le temps étant pour eux une succession d'instants sans lien où toute expérience nouvelle annule immédiatement la précédente, où les décisions sont prises à la hâte selon l'humeur du moment ou les circonstances. Manquant de direction et de repères, elles donnent l'impression d'être profondément désorientées et perdues.

Néanmoins, un certain nombre de sujets borderlines ont un emploi stable, le travail constituant le seul domaine de la vie qui n'est pas touché par leur trouble. Ces sujets se décrivent comme une « autre personne » au travail, où ils donnent le change, ne laissant pas transparaître leurs difficultés au prix d'une certaine inauthenticité.

Cette incapacité à être authentique dans les relations sociales est un autre aspect de la perturbation identitaire. Ces individus changent d'opinions, d'attitudes et d'intérêts en fonction des personnes qu'ils rencontrent en donnant l'impression d'être des caméléons. Par ailleurs, leur sentiment subjectif d'être perdu, vide et différent des autres les conduit à adopter une attitude d'hypernormalité de surface, c'est-à-dire à faire constamment semblant d'être « normaux » pour être acceptés et aimés par l'entourage. Amélie raconte : « *Quand je suis avec les autres, je me montre souriante, agréable et pleine d'humour, alors qu'à l'intérieur, je me sens terriblement vide. Ce jeu de faire semblant me rend de plus en plus malheureuse, car je me dis que s'ils voyaient qui je suis véritablement, personne ne m'aimerait plus.* » Cet aspect de la perturbation identitaire est souvent appelé faux-self en psychologie.

La dernière manifestation possible de sentiment d'identité perturbé est le dévouement total à un rôle social. On l'observe chez les individus qui deviennent membres de sectes en changeant de nom, de système de valeurs et de croyances en rejetant leurs familles et leurs amis. Ils suivent aveuglément un leader charismatique et, se conformant totalement et sans réserve au rôle dicté par celui-ci, perdent leur propre identité.

Les perturbations des relations interpersonnelles

DES RELATIONS INSTABLES

Les relations interpersonnelles des patients borderlines sont intenses, conflictuelles, chaotiques, marquées par des débordements émotionnels et une précarité des liens.

Cette instabilité relationnelle est liée autant à la vision manichéenne des autres qu'à l'angoisse de l'abandon.

L'une des caractéristiques principales des relations interpersonnelles du sujet borderline est la suivante : plus une relation devient intime, plus elle devient perturbée et perturbante aussi bien pour le borderline que pour son partenaire ou ami. Plus le borderline s'attache à une personne, plus la relation devient tumultueuse. Ainsi, ce sont ses relations sentimentales (et/ou familiales) qui sont les plus instables et conflictuelles. Chez les sujets peu ou modérément perturbés, les relations plus distantes (professionnelles et/ou amicales) peuvent être totalement satisfaisantes, tandis que les borderlines gravement perturbés ont de la peine à « gérer » tous les types de relations.

En ce qui concerne les relations intimes, le borderline désire l'intimité tout en la craignant. Lorsqu'il est seul, il ressent un manque intolérable, mais, dès qu'il est en couple, la relation lui devient difficilement supportable. Plus il s'attache à une personne, plus cette dépendance l'angoisse. Il a peur d'être abandonné tout en ayant peur de se perdre dans la fusion avec l'autre. Tel un toxicomane qui ne peut vivre ni avec ni sans drogue, le borderline ne peut pas vivre sans relation fusionnelle ; en même temps, celle-ci le fait souffrir en faisant émerger ses angoisses profondes. De ce fait, ses relations sentimentales deviennent rapidement destructrices à la fois pour lui-même et pour le partenaire.

Certains sujets borderlines reproduisent le même schéma relationnel dans les relations amicales, qui deviennent rapidement fusionnelles et conflictuelles. Ils expriment une demande affective insatiable même envers leurs amis ou des personnes susceptibles de le devenir. Betty explique : *« J'avais tendance à approcher toute personne me paraissant sympathique avec un espoir énorme qu'elle allait prendre soin de moi. Très vite, je me rendais compte que ce que les autres me donnaient n'était jamais à la hauteur de mes attentes, parce qu'au fond de moi je me sentais toujours comme une petite fille, alors que j'avais l'air d'une femme. Les autres ne pouvaient pas le deviner, je sais, mais j'ai quand même toujours été terriblement déçue. Il m'arrivait de pleurer pendant des heures parce que mes amies n'étaient pas disponibles pour parler au moment où je les appelais ou parce que j'avais l'impression que l'une d'elles ne m'accordait pas autant d'attention que je voulais. Mes amis ne comprenaient pas toujours mes réactions et ça se finissait souvent mal.* »

QUÊTE D'AMOUR

Le borderline a un style particulier d'entrer en relation et de nouer des liens. Au départ, il se montre souvent distant, voire méfiant, en cherchant à se protéger ainsi de l'autre dont il craint le jugement et les intentions éventuellement malveillantes. La méfiance est souvent liée à des expériences passées traumatiques où il a été abusé, trahi, déçu. Celle-ci cache donc à la fois une peur intense d'être à nouveau blessé et trahi et un besoin immense d'attention et d'amour.

Si le borderline se montre lui-même souvent froid et distant, paradoxalement, il tolère mal la réserve et la méfiance chez l'autre, qu'il vit comme un signe de rejet venant confirmer sa conviction profonde de ne pas être digne d'intérêt. Betty explique : « *Dès qu'une personne est un peu froide avec moi, j'ai l'impression qu'elle ne m'aime pas et qu'elle me rejette.* »

En revanche, pour peu que l'autre se montre chaleureux et lui prête un peu d'attention, la méfiance disparaît aussitôt pour laisser place à une confiance aveugle. La personne à peine connue est vite idéalisée, parée de toutes les qualités imaginables, le borderline espérant toujours trouver l'ami ou le partenaire idéal sur qui il pourra s'appuyer, qui l'aimera inconditionnellement, qui comblera tous ses manques et qui lui apportera le salut. Il est toujours à la recherche d'un sauveur dont l'amour sans fin et la compassion feront disparaître sa souffrance d'un coup de baguette magique. Poussé par sa demande affective à la fois trop urgente et trop intense, il est prêt à s'abandonner sans réserve et, s'il le faut, à partir à l'autre bout du monde avec cette personne qu'il connaît pourtant à peine. Comme il se donne complètement corps et âme, les débuts de ses relations sentimentales sont toujours idylliques et intenses. Le partenaire est rapidement séduit par ce don de soi sans réserve, par l'idéalisation dont il fait l'objet et notamment la mission de sauveur dont il est investi. Toutefois, l'avidité affective du borderline est dévorante pour le partenaire, qui se trouve vite saturé et impuissant, dépassé par les événements, inévitablement décevant après une première période d'illusion. La fusion massive dans laquelle le borderline vit avec son partenaire devient vite aliénante, car elle exclut les amis et la famille plus large. Ses colères, ses caprices et ses changements d'humeur épuisent vite le partenaire. Sa susceptibilité devient difficilement tolérable : il suffit d'une petite contrariété, d'un regard de travers, d'un mot prononcé plus haut que l'autre pour que la personne si idéalisée devienne la plus ignoble. Marc, le compagnon d'une femme borderline se plaint : « *Je dois toujours bien peser mes paroles et, même comme ça, je ne suis jamais sûr de la façon dont elle va les interpréter.* »

UNE VISION DES AUTRES EN NOIR ET BLANC

« Mon compagnon, un jour je l'adore, le lendemain je le déteste. »

L'image que le borderline se fait des autres est toujours en noir et blanc, sans demi-mesure. Aucune nuance, pas de gris ! Soit il adore, soit il déteste. Pour lui, dans ce monde, il y a des bons et des méchants, les bourreaux et les victimes, les fées et les sorcières. Tel un enfant, il ne parvient pas à tolérer les incohérences et les ambiguïtés dans les attitudes et les paroles des autres. Il n'arrive pas à voir qu'une personne peut être à la fois bonne et mauvaise, c'est-à-dire parfois gratifiante et parfois frustrante. À un moment précis, l'autre est soit bon, soit mauvais, mais jamais les deux à la fois. Les partenaires, les amis, les collègues et le thérapeute peuvent être idéalisés un jour et dévalorisés le lendemain. L'autre est toujours jugé dans l'instant présent, en fonction des derniers échanges, le borderline ne parvenant pas à prendre en considération l'ensemble des expériences qu'il a avec une personne donnée pour se créer une image globale, réaliste et nuancée. Les propos de Céline l'illustrent bien : *« Hier, mon ami a annulé notre rendez-vous à la dernière minute. Ça m'a tellement énervée qu'à mes yeux, il est devenu un monstre, l'incarnation du mal... Je l'ai traité de tous les noms et je me suis juré de ne plus jamais le revoir. Il s'est excusé en me répétant combien il m'aimait et en me rappelant qu'il avait toujours été là pour moi quand j'étais mal, mais je ne voulais rien entendre. »* Tout s'est passé comme si l'annulation de ce rendez-vous avait fait disparaître les souvenirs des expériences positives avec l'ami en question.

Lorsque la personne idéalisée déçoit le borderline, elle devient d'une certaine façon « menaçante » pour lui. Il ressent le besoin de la mettre à distance pour ne pas être fantasmatiquement « détruit » par elle. Il se met à la haïr et veut l'écarter de sa vie. En raison de cette attitude, le borderline finit par perdre beaucoup d'amis et se sent constamment menacé par la solitude. Betty raconte : *« Chaque fois que je me suis fâchée avec un ami, c'était radical. Je lui disais que je ne voulais plus entendre parler de lui. Maintenant, je me rends compte que j'ai été trop dure et je regrette, car je n'ai quasiment plus d'amis. Si j'avais su être plus tolérante, je serais plus entourée aujourd'hui. »*

LA PEUR DE L'ABANDON

« Quand je me sens abandonnée, je ressens un mélange de terreur, de solitude et d'isolement. Je me sens déconnectée des autres. Je panique. Je me sens utilisée et trahie. J'ai l'impression que je vais mourir.

Un soir, j'ai appelé mon copain et il m'a dit qu'il allait me rappeler plus tard, car il était en train de regarder un film à la télé. J'ai commencé à lire en attendant qu'il m'appelle. Il n'appelait pas. J'ai attendu. Il n'appelait toujours pas. Je me suis sentie de nouveau abandonnée. C'était plus fort que moi ! J'étais d'autant plus mal que la veille, j'avais commencé à croire qu'il m'aimait vraiment.

Le téléphone a finalement sonné vers 23 heures, mais j'avais déjà décidé de le quitter avant qu'il ne me quitte, lui. Il s'est avéré qu'il était toujours en train de regarder le film. Je me suis sentie ridicule, mais la douleur et l'angoisse que j'ai ressenties étaient vraiment insupportables. »

À certains moments, chaque être humain a peur de perdre son compagnon ou ses proches. Pour le borderline, cette crainte est non seulement sans cesse présente, mais aussi pénible à vivre, car elle dépasse la simple peur de la solitude. L'idée de l'abandon ou du rejet devient une obsession constante. Le borderline a peur que ses proches le quittent, tombent malades, meurent, se comportent de façon imprévisible ou bien disparaissent soudainement. Pour lui, l'abandon est vécu comme une perte totale de sens de la vie. Céline décrit ainsi cet état : « *Quand mon ex-copain m'a quittée, le monde s'est écroulé, je me décomposais, je n'existais plus. Je n'étais plus personne, la vie n'avait plus de sens... je ne savais plus qui j'étais. L'idée de suicide a commencé à s'imposer.* »

En même temps, son estime de lui-même étant extrêmement mauvaise, le borderline ne comprend pas pourquoi qui que ce soit voudrait rester avec lui. Il est profondément convaincu qu'il finira seul et abandonné. C'est pourquoi il est hypervigilant, constamment en quête d'indices montrant que la personne à laquelle il tient ne l'aime pas vraiment et veut le quitter. Marie, 35 ans, interprète la moindre expression d'insatisfaction de son ami du moment comme une intention de rupture. Quand son ami se fâche, qu'il lui en veut et qu'il lui fait part de ses attentes, elle est persuadée qu'il veut la quitter. Lorsque ses craintes semblent se réaliser, Marie devient furieuse, pleure, cherche à se venger (en trompant son ami) ou s'automutile. Comme la plupart des sujets borderlines, elle vit à travers son ami, à travers l'attention et l'intérêt qu'il lui porte. S'il n'est plus là, elle se sent complètement anéantie, annihilée, détruite.

Le borderline peut se sentir affectivement abandonné même lorsque son partenaire ou ses proches sont physiquement présents. Il s'agit de situations où l'autre lui semble distant, distrait, préoccupé par d'autres problèmes ou accorde plus d'attention à quelqu'un d'autre. Par exemple, Lydie a un jour brusquement quitté une soirée entre amis parce que son amoureux n'avait pas prêté attention à l'une de ses remarques. Elle explique : « *Philippe et moi étions à une soirée entre amis et il était en train de parler à la femme assise à ses côtés. Il n'a pas entendu ce que je lui disais. Je me suis levée et je suis partie. J'étais dévastée. Quand il m'a téléphoné le lendemain, je me suis mise en colère. J'avais remarqué qu'il avait regardé cette femme plus tôt. J'étais certaine qu'il était attiré par elle.* » Philippe, lui, ne comprenait pas la réaction de Lydie, car il n'avait pas entendu ce qu'elle disait.

Lorsqu'il est en couple, le borderline n'est jamais en paix. La possessivité et la jalousie le hantent. Il a constamment besoin d'être assuré que son partenaire l'aime et qu'il ne le quittera pas. La possessivité est un signe de désespoir. Reprenons l'exemple de Lydie qui se sent tellement seule et perdue que, dans sa vie, il n'y a pas de place pour autre chose que pour sa relation. Elle s'y abandonne sans réserves, elle est obsédée par son ami et fermée au reste du monde. Elle ne voit plus ses amies et consacre tout son temps et toute son énergie à préserver le contact avec l'être cher, car il est si important pour elle.

Tout comme Lydie, de nombreuses femmes borderlines s'accrochent à leur partenaire au point que le garder devient une obsession. Lydie accusait sans cesse son ami de vouloir la quitter. Ses craintes ont fini par se réaliser.

Ses réactions excessives ont fait comprendre à son compagnon qu'elle n'était pas une femme pour lui.

L'idée d'abandon hante le borderline, car la solitude lui est intolérable. Certains sujets ne supportent pas de rester seuls même pendant de très courtes périodes, s'imaginant sans cesse que la personne absente, le plus souvent le partenaire, ne reviendra plus jamais. Durant ces périodes de solitude, les symptômes TPB s'intensifient, l'angoisse, la tristesse et le désespoir devenant envahissants. Virginie, 33 ans, raconte : « *Quand mon mari part en voyage d'affaires pendant deux, trois jours, je ne mange plus, je ne dors plus, je suis incapable de faire quoi que ce soit, je passe mon temps à regarder fixement un point.* » La croyance inconsciente de Virginie peut être résumée ainsi : « Je ne crois que ce que je vois. » Lorsque son mari est physiquement absent, elle a le sentiment de l'avoir complètement perdu. L'absence physique de l'autre équivaut à sa disparition. Le borderline est incapable de se rassurer, comme la plupart des gens, en pensant à la personne absente ou aux expériences positives qu'elle a vécues dans le passé. Lors des absences de leurs partenaires, certaines femmes borderlines téléphonent très (trop ?) souvent juste pour se rassurer que celui-ci pense et tient à elles. Certains portent un vêtement, un parfum ou une photo qui leur font penser à la personne absente exactement de la façon dont les enfants gardent les peluches qui leur rappellent l'amour de leurs parents. « *Quand mon fils et mon mari ne sont pas là, je n'arrête pas de regarder leur photo pour pouvoir garder à l'esprit leur image, pour pouvoir me dire qu'ils existent bien toujours* », se confie Ludivine.

Le sujet borderline a donc, désespérément, besoin de l'autre pour fonctionner et se sentir vivant. « *Quand je suis toute seule, quand je n'ai personne à qui parler, c'est comme si je n'existais pas* », se plaint Ludivine. Comme la plupart des sujets borderlines, elle a besoin de s'appuyer sur quelqu'un pour pouvoir survivre psychiquement : « *Je ne peux pas être vraiment moi si je n'ai pas quelqu'un sur qui me reposer.* » Néanmoins, cette dépendance à l'autre devient assez rapidement intolérable aussi bien pour le borderline que pour le partenaire.

Le premier s'en défend en défiant le second, voire en provoquant l'abandon. « *J'ai besoin de savoir que mon ami ne me quittera jamais, quoi que je fasse. Je vérifie sans cesse si son amour est inconditionnel. Je lui demande tout le temps s'il m'aime et, même s'il n'arrête pas de le répéter, je me dis qu'il finira bien par m'abandonner un jour* », explique Marie. En poussant à bout son partenaire, le sujet borderline provoque l'abandon ou bien abandonne pour ne pas être abandonné.

La crainte de l'abandon perturbe gravement les relations sentimentales car elle crée une dépendance affective au partenaire qui empêche le borderline de développer une autonomie psychique, c'est-à-dire de se vivre comme quelqu'un qui a son identité propre, différente de celle de son partenaire ou des membres de sa famille.

Certaines personnes atteintes du TPB vivent des relations stables, mais elles sont tout de même persuadées que celles-ci ne dureront pas.

Ainsi, Emma est mariée à Claude, qui est un homme stable, attentif, dévoué et très amoureux de sa femme, mais elle n'est jamais rassurée. Claude est exaspéré, car il a le sentiment de ne jamais pouvoir gagner sa confiance : « *Quoi que je fasse, elle ne me fait pas confiance, surtout quand je pars en voyage d'affaires. Elle est persuadée que je la trompe. C'est insupportable.* » Emma répète sans cesse la même chose à son partenaire : « *Tu ne m'aimes pas vraiment* », « *Je sais que tu vas me quitter* », « *Tu es content que nous soyons séparés* ».

La peur de l'abandon est très liée à d'autres symptômes du TPB, car elle déclenche des changements brusques d'humeur, des accès de colère et des conduites autodestructrices. Un sujet borderline qui se sent, à tort ou à raison, menacé par l'abandon peut paradoxalement réagir de façon agressive et, sans le vouloir, provoquer la situation de rupture qu'il redoute.

Paradoxalement, l'angoisse de l'abandon peut aussi se manifester par une fuite devant tout engagement amoureux d'autant plus irrépressible que l'attirance par l'autre est forte. Sylvie raconte : « *Chaque fois que je tombe amoureuse, je prends un billet d'avion.* » Elle éprouve un besoin incontrôlable de s'éloigner de l'homme dont elle tombe amoureuse, car elle a peur de s'attacher et d'être déçue, c'est-à-dire trahie ou abandonnée.

Dans la plupart des cas, la crainte de l'abandon est liée à des séparations, à des abandons ou à des négligences affectives de la part de l'un des parents survenus à un bas âge. Les personnes souffrant de TPB sont nombreuses à rapporter ce type d'expériences qui demeurent inscrites dans leur mémoire et suscitent l'appréhension constante de leur répétition.

L'angoisse de l'abandon peut aussi être due à l'attitude de la mère, qui sabotait toute tentative d'autonomisation et d'individuation de son enfant, en étant soit trop proche, envahissante et intrusive (à cause de sa propre peur d'abandon), soit trop distante, voire rejetante (probablement en raison de sa propre peur du rapprochement affectif), soit les deux à la fois (mère imprévisible).

La peur de l'abandon est, de façon paradoxale, souvent accompagnée de la peur du rapprochement affectif. Le sujet borderline a soif de la fusion avec l'autre, tout en la craignant. Si l'autre lui semble trop proche, il a l'impression d'être envahi, de ne plus pouvoir être lui-même, de se perdre complètement dans cette relation. La difficulté à établir une bonne distance relationnelle constitue l'un de ses problèmes principaux. Le borderline oscille sans cesse entre des attitudes extrêmes et des envies contradictoires.

Tous les sujets borderlines ne sont pas pareils

Le trouble de la personnalité borderline peut se manifester sous des formes différentes. Tous les sujets borderlines ne souffrent pas des mêmes symptômes et l'intensité de ceux-ci est variable d'une personne à l'autre. La gravité du trouble varie non seulement d'un individu à l'autre, mais aussi chez un même sujet selon les périodes. Plus les symptômes sont intenses, plus ils perturbent l'adaptation sociale.

LES FORMES GRAVES

Les personnes souffrant de formes graves de TPB se caractérisent par une autodestructivité importante. Du fait de leur instabilité émotionnelle et de leur impulsivité intenses, elles s'engagent souvent dans des comportements dangereux (abus de drogues et d'alcool, automutilations, tentatives de suicide). Les hospitalisations en psychiatrie sont fréquentes, notamment après une tentative de suicide. Le trouble de la personnalité borderline est rarement le seul dont ces personnes souffrent : l'alcoolisme, la toxicomanie, l'anorexie ou la boulimie alourdissent le tableau clinique.

Ces symptômes graves et envahissants ont naturellement des conséquences négatives importantes dans le domaine du travail et des relations avec les autres. Il s'agit de sujets qui, pour la plupart, connaissent des difficultés importantes d'insertion socioprofessionnelle. Ils abandonnent leurs études ou cessent de travailler, n'ont aucun projet dans la vie, pas de loisirs. Ils vivent seuls ou dans des relations de dépendance qui deviennent leur seule préoccupation, en se sentant délaissés et vides dès que le partenaire ne répond pas à leurs attentes. Certains deviennent dépendants à l'institution psychiatrique, fréquentent régulièrement des hôpitaux de jour et/ou exigent d'être hospitalisés à temps plein dès qu'ils sont amenés à faire face au moindre stress.

Par ailleurs, leur quotidien est alourdi de nombreux problèmes concrets. Des difficultés financières et des problèmes de logement engendrent un stress auquel ces sujets ont de la peine à faire face. En résumé, un cercle vicieux s'installe : au départ, les symptômes « créent » des problèmes concrets et ensuite la difficulté à faire face à ces derniers intensifie les premiers.

La vie sentimentale de ces sujets est également chaotique. Ils changent souvent de partenaires, en en choisissant, de façon involontaire et inconsciente, qui souffrent de troubles similaires. Il est en effet fréquent que les femmes borderlines soient attirées par des hommes narcissiques, manipulateurs et violents. Ces relations sont très instables et conflictuelles, la violence morale et physique étant monnaie courante.

Le cas clinique de Marie présenté au début de ce chapitre illustre une forme grave de TPB.

LES FORMES LÉGÈRES

Les sujets souffrant de formes légères sont moins impulsifs et autodestructeurs que ceux qui souffrent des formes graves. Leurs symptômes sont moins envahissants et leur adaptation sociale (insertion socioprofessionnelle) demeure, dans la plupart des cas, globalement satisfaisante. Cependant, leurs traits de personnalité perturbent leurs relations sentimentales. Il s'agit de femmes et d'hommes qui sont hypersensibles, d'humeur instable, susceptibles, angoissés par l'abandon et affectivement dépendants de leurs partenaires. Ils sont souvent très colériques et intolérants à la frustration, ce qui est à l'origine de problèmes relationnels plus ou moins importants. Ils font souffrir leurs partenaires, et les conflits dans leurs relations sentimentales intensifient leur souffrance.

Aude a 36 ans et travaille dans une entreprise où elle occupe un poste assez haut placé. Fille unique, elle a connu une instabilité importante dans son enfance. Son père étant diplomate, ses parents étaient amenés à déménager souvent à l'étranger. Même si sa mère ne travaillait pas, ils confiaient souvent la garde de leur fille à ses grands-parents paternels.

Aude se souvient d'avoir beaucoup souffert de ces séparations qui duraient en moyenne deux, trois mois.

Elle dit avoir « depuis toujours » été angoissée et d'humeur instable : « Je suis une grande stressée, je me fais des soucis pour tout. Il m'arrive souvent de ne pas avoir le moral, même sans raison. Dans ces moments, je me sens complètement perdue, désespérée. Il me semble que je ne vais jamais remonter la pente. » Cependant, elle a brillamment réussi ses études et a trouvé rapidement un travail. Ses relations professionnelles sont tout à fait satisfaisantes et elle estime être appréciée aussi bien par ses collègues que par ses supérieurs hiérarchiques. Elle nous confie : « À mon travail, personne ne se doute à quel point je peux être mal dans ma peau et difficile à vivre dans ma vie privée. » Elle dit avoir peu d'amis, mais beaucoup de connaissances : « Je sais très bien faire semblant et donner l'impression d'être super sympa, sociable, ouverte, mais c'est une belle façade, car au fond je me sens très souvent déconnectée des autres. Ils ne m'intéressent pas et je ne les intéresse pas non plus sûrement. » Après des années passées à enchaîner des relations sentimentales brèves et tumultueuses (« Je m'attachais vite, et puis, dès qu'ils me décevaient un peu, je les rayais de ma vie »), elle a fini par rencontrer « le bon » : « Ça a été le coup de foudre, j'ai tout de suite su que c'était avec lui que je voulais faire ma vie… Les trois premiers mois, c'était le paradis et après je suis tombée enceinte par hasard. » Selon les dires de son compagnon Cyril, c'est au cours de sa grossesse qu'Aude est devenue « insupportable » : « Son humeur changeait tout le temps. Elle pouvait passer de la tristesse à la colère en l'espace d'une minute. Elle pleurait pour un rien, je faisais tout ce que je pouvais pour la consoler et la rassurer, mais elle n'était jamais contente et me reprochait sans cesse d'être insensible, tout en m'injuriant. C'était vraiment dur à vivre. » Cyril était persuadé que les réactions de sa compagne étaient dues à la grossesse et qu'elles allaient disparaître après l'accouchement : « *J'ai décidé d'être patient et de prendre sur moi, mais ses paroles blessantes me faisaient souvent pleurer. Malheureusement, même après l'accouchement, son caractère n'a pas changé. Elle est toujours aussi agressive, susceptible et capricieuse, elle devient furieuse pour un "rien", m'accuse d'être maltraitant et abusif... Elle manipule notre fille... Quand je lui dis que je vais la quitter, elle me menace en me disant qu'elle va m'empêcher de voir notre fille, ou bien elle se met à genoux, pleure et me supplie de rester. Ma vie est devenue un enfer et je m'en veux d'avoir eu un enfant avec cette femme que je connaissais si peu... Cependant, il y a aussi des moments où elle est adorable, douce, aimante, chaleureuse, bref un ange qui arrive à me faire oublier tout le cauchemar qu'elle me fait vivre. En fait, ma femme a un double visage : l'ange et le démon. Et je ne sais plus si je l'aime ou si je la déteste, je ne sais plus quoi faire, c'est insupportable, je suis constamment tiraillé et ça devient invivable... Ce qui est encore pire, c'est que personne ne me croit quand j'explique combien elle peut être méchante avec moi, car devant nos amis et ma famille, son comportement est toujours lisse.* »

De quels autres troubles psychiques le sujet borderline peut-il aussi souffrir ?

Le TPB se complique souvent d'autres pathologies psychiatriques dont les plus fréquents sont les *troubles de l'humeur* dans plus de 85 % des cas (dépression, dysthymie, troubles bipolaires I et II), les *troubles anxieux* (trouble panique dans 51 % des cas, trouble d'anxiété généralisée dans 51 % des cas, état de stress post-traumatique dans 30 à 71 % des cas), les *troubles des conduites* (abus de substances, alcool, drogues, médicaments dans 75 % des cas, troubles alimentaires)[1]. En ce qui concerne les autres troubles de la personnalité, ce sont la personnalité dépendante, la personnalité évitante et la personnalité paranoïaque qui sont le plus souvent associées à la personnalité borderline.

AVEC QUELS AUTRES TROUBLES NE PAS CONFONDRE LE TROUBLE DE LA PERSONNALITÉ BORDERLINE ?

Les points communs entre ce trouble et certains autres peuvent être source de confusion et même de diagnostic erroné. Comme nous l'avons déjà dit, le TPB peut coexister avec d'autres troubles mentaux qui peuvent le dissimuler ou qu'il peut dissimuler.

DÉPRESSION ET TPB

La dépression est un état pathologique qui dure pendant au moins quinze jours et qui est dominé par la tristesse et/ou la perte de la capacité à éprouver du plaisir. La personne déprimée est non seulement triste, mais

1. Zanarini M. C., Frankenburg F. R., Dubo E. D. *et al.* (1998), « Axis I. Comorbidity of borderline personality disorder », *Am. J. Psychiatry*, 155, p. 1733-1739.

aussi constamment fatiguée et sans élan. Elle n'a plus envie d'avoir les activités qui lui faisaient plaisir auparavant. Même les gestes essentiels de la vie quotidienne comme faire sa toilette ou prendre sa douche le matin lui deviennent difficiles. Elle perd l'appétit, souffre d'insomnies, perd le désir sexuel, a de la peine à se concentrer sur la lecture et d'autres activités intellectuelles.

Puisque la dépression et le TPB partagent certaines caractéristiques, il peut se révéler difficile de les distinguer. Ainsi, les sujets borderlines se plaignent souvent d'être déprimés, mais leur humeur dépressive est d'une tonalité particulière. Elle est dominée par des sentiments de vide, de solitude et d'abandon qui apparaissent en réaction à un événement négatif et disparaissent dès que les circonstances s'améliorent. L'humeur dépressive ne dure donc pas pendant deux semaines de façon constante comme chez les sujets déprimés.

Lors d'un stress important, tous les autres symptômes de la dépression (perte d'appétit, insomnie, baisse du désir sexuel) peuvent surgir chez le sujet borderline. Habituellement, ces symptômes traduisent une difficulté majeure à « gérer » les émotions fortes plutôt qu'un trouble dépressif franc. Une dépression authentique peut néanmoins survenir chez le sujet borderline à la suite d'une rupture sentimentale ou d'une autre déception.

Il est à noter que l'efficacité des antidépresseurs est nettement moindre chez les sujets borderlines souffrant de dépression que chez les sujets dépressifs sans trouble de la personnalité.

TROUBLE BIPOLAIRE ET TPB

Le trouble de la personnalité borderline et le trouble bipolaire partagent certaines caractéristiques comme les changements brusques d'humeur, l'impulsivité, l'irritabilité et les colères.

Selon le *DSM-IV-TR*, le trouble bipolaire se présente sous des formes différentes. Le *trouble bipolaire de type I*, traditionnellement appelé maladie maniaco-dépressive, se caractérise par des périodes de manie et de dépression, limitées dans le temps. Lors d'un accès maniaque, le sujet est euphorique, exalté, désinhibé, dort très peu sans être fatigué, parle plus vite que d'habitude et ses idées vont dans tous les sens. Il a l'impression d'avoir des pouvoirs spéciaux et s'engage dans des projets irréalistes. Ces comportements saugrenus contrastent totalement avec les comportements habituels du sujet. Le *trouble bipolaire de type II* se caractérise par des accès hypomaniaques qui sont des formes mineures d'accès maniaques dont ils se distinguent par le fait qu'ils perturbent moins le fonctionnement professionnel et social du patient.

Actuellement, les débats scientifiques sont nombreux autour du lien entre le TPB et le trouble bipolaire II. En raison des changements brusques d'humeur des sujets borderlines, certains spécialistes supposent que le TPB est une forme de trouble bipolaire II résistant aux traitements médicamenteux. Cependant, le diagnostic du trouble bipolaire n'inclut pas la perturbation identitaire, la dépendance affective, l'angoisse de l'abandon et les difficultés persistantes dans les relations interpersonnelles que l'on observe chez les patients borderlines. Par ailleurs, les symptômes du trouble bipolaire sont limités dans le temps, c'est-à-dire à la durée de l'épisode (hypo)maniaque ou dépressif, tandis que ceux du TPB sont plus ou moins constants. Par ailleurs, les fluctuations de l'humeur des sujets bipolaires apparaissent spontanément, sans raison, tandis que celles des sujets borderlines sont liées aux circonstances. Ces deux troubles ne peuvent donc pas être considérés comme équivalents.

Néanmoins, certaines personnes peuvent souffrir des deux troubles à la fois, ce qui est assez souvent le cas chez les sujets borderlines gravement perturbés.

ALCOOLISME, TOXICOMANIE ET TPB

Comme nous l'avons déjà évoqué, les personnes souffrant d'un TPB sont nombreuses à consommer de l'alcool et/ou des drogues, certaines régulièrement, d'autres ponctuellement, pour soulager angoisse, colère ou désespoir : « *Quand je suis très en colère, je vide une bouteille de vin en une demi-heure* », raconte Virginie.

Les thérapeutes qui travaillent avec les sujets borderlines observent que l'alcool est souvent utilisé pour calmer la rage ou lever les inhibitions, tandis que les drogues sont consommées pour lutter contre le sentiment de vide, de tristesse et de désespoir. Toutefois, l'effet apaisant est de courte durée et, une fois passé, le sujet se sent encore plus déprimé et vide. Par ailleurs, une consommation régulière de tous types de substances aggrave *tous* les symptômes du TPB en rendant le sujet plus impulsif, plus irritable et plus déprimé. Les études montrent que l'abus de substances psychoactives augmente le risque suicidaire, car la drogue et l'alcool désinhibent le sujet en lui facilitant le passage à l'acte.

ANOREXIE, BOULIMIE ET TPB

Les troubles des conduites alimentaires sont fréquents chez les jeunes filles borderlines. Le plus souvent, on observe la boulimie et l'anorexie, les périodes de restriction alimentaire alternant avec des crises de boulimie. L'anorexie sans crise de boulimie, autrement appelée « anorexie restrictive », est plus rare chez les jeunes filles souffrant d'un TPB.

Les jeunes filles borderlines s'adonnent aux crises de boulimie lorsqu'elles sont envahies par des émotions fortes qu'elles ne parviennent pas à « gérer ». Elles cherchent à faire disparaître leur angoisse et leur désespoir en ingurgitant des quantités énormes de nourriture.

Avant la crise, la jeune fille est submergée par une tension pénible, une excitation mal définie, teintée d'angoisse et d'irritabilité qui la pousse à trouver et absorber de la nourriture par tous les moyens. Une quantité excessive de nourriture est ingurgitée à la hâte, sans mastiquer, en avalant jusqu'à s'étouffer. Après la crise, les sentiments de regret, de honte et de culpabilité émergent. La fille a l'impression d'être grosse, difforme, vilaine, elle éprouve un dégoût profond envers elle-même. Elle a immédiatement envie de tout « annuler » en se faisant vomir ou en prenant des laxatifs. Ces actes lui évitent de prendre du poids tout en calmant ses angoisses et en lui donnant l'impression de pouvoir à nouveau contrôler ses actes.

Les crises de boulimie servent à apaiser les tensions de la même façon que les automutilations ou la prise de drogues ou d'alcool. Il s'agit, donc, de l'un des moyens autodestructeurs employés par les sujets borderlines pour gérer les émotions fortes.

ÉTAT DE STRESS POST-TRAUMATIQUE ET TPB

Suite à un événement traumatique (viol, accident, kidnapping, catastrophe), certaines personnes développent un état de stress post-traumatique qui se manifeste par des perturbations émotionnelles (hypersensibilité, irritabilité, anxiété) et une reviviscence douloureuse de la situation traumatique. La personne atteinte d'un stress post-traumatique revit sans cesse les scènes de l'événement, fait des cauchemars, pleure facilement, s'isole et a besoin d'être constamment rassurée et protégée.

L'état de stress post-traumatique peut être confondu avec le TPB, d'autant plus que leur association est relativement fréquente. Comme l'angoisse, l'irritabilité et l'hypersensibilité caractérisent les deux troubles, certains spécialistes considèrent que le TPB est une forme d'état de stress post-traumatique.

Cependant, ces troubles se distinguent l'un de l'autre. L'état de stress post-traumatique est lié à un événement bien précis qui obsède le sujet de jour comme de nuit et génère des symptômes handicapants (dépression, angoisses, cauchemars). En revanche, la souffrance des sujets borderlines n'est pas liée à un événement spécifique.

SCHIZOPHRÉNIE ET TPB

La schizophrénie est une maladie mentale qui se caractérise principalement par la présence d'hallucinations et d'idées délirantes ainsi que par un comportement bizarre du sujet.

Nous tenons à souligner que les sujets borderlines ne souffrent jamais d'une schizophrénie, même s'ils peuvent présenter certains symptômes qui s'apparentent à ceux qu'on observe dans cette pathologie. Il s'agit notamment des symptômes dissociatifs, c'est-à-dire des perceptions, des sensations, des croyances étranges qui apparaissent dans des situations de stress intense. Chez les sujets borderlines, ces symptômes sont seulement transitoires et disparaissent spontanément même sans traitement médicamenteux.

Les automutilations et les conduites suicidaires peuvent aussi s'observer dans les deux troubles. Toutefois, chez les sujets schizophrènes, ces comportements sont souvent directement liés aux hallucinations et aux idées délirantes (par exemple une voix dit au patient de se suicider), tandis que les sujets borderlines réalisent ces conduites de façon consciente et volontaire, dans le but de se punir, d'évacuer des tensions ou de mourir.

MALADIES SOMATIQUES ET TPB

Les sujets borderlines sont nombreux à consulter souvent des médecins généralistes pour des troubles somatiques divers. Certains pour des maux psychosomatiques, c'est-à-dire des maux sans base organique (maux de tête, maux de ventre, allergies) dont l'origine est psychique. D'autres souffrent de maladies somatiques authentiques (diabète, maladies cardiaques, etc.) qui sont souvent la conséquence d'un mode de vie qui n'est pas sain (régime alimentaire inapproprié, prise de drogue et d'alcool). À travers les plaintes répétitives et les consultations fréquentes, ces sujets recherchent, inconsciemment et en toute naïveté, l'attention des médecins. Malheureusement, ces derniers ne réalisent pas toujours que, derrière les plaintes somatiques, se cache un trouble de la personnalité.

Ainsi, une enquête réalisée auprès de plus de deux cents sujets consultant en médecine générale a révélé que 7 % d'entre eux souffraient d'un trouble de la personnalité borderline, ce qui est considérablement plus élevé qu'en population générale (2 %). Or la moitié seulement de ces sujets recevaient un traitement psychiatrique, et, chez seulement 55 % d'entre eux, les médecins avaient repéré la présence d'un trouble psychiatrique ! D'autres recherches menées à ce sujet montrent que les sujets s'étant remis du TPB ont moins de problèmes somatiques que ceux qui en souffrent encore.

Et les autres personnalités pathologiques ?

La personnalité borderline n'est pas le seul type de personnalité pathologique. Le *DSM-IV-TR* en décrit neuf autres : la personnalité évitante, la personnalité obsessionnelle-compulsive, la personnalité dépendante, la personnalité histrionique, la personnalité narcissique, la personnalité antisociale, la personnalité paranoïaque, la personnalité schizotypique et la personnalité schizoïde. Les patients borderlines peuvent présenter des traits appartenant à d'autres personnalités pathologiques.

Ainsi, ils peuvent se montrer méfiants, croire que les autres sont malintentionnés, se sentir facilement dédaignés et se « froisser » rapidement. Il s'agit là des traits de la personnalité paranoïaque. Toutefois, si la méfiance du paranoïaque est constante et inébranlable, celle du borderline se dissipe relativement rapidement, pour peu que l'autre se montre chaleureux et agréable. Par ailleurs, contrairement au borderline qui est hypersensible et vite débordé par les émotions fortes, le paranoïaque est rationnel, rigide, orgueilleux et autoritaire.

Certaines caractéristiques sont communes aux personnalités borderlines et dépendantes. Elles manquent de confiance en elles au point qu'elles ont constamment besoin d'être rassurées, guidées dans leurs choix, prises en charge. Ayant très peur de ne pouvoir se débrouiller seules, la crainte de l'abandon les hante. Toutefois, le sujet dépendant est toujours soumis et conciliant par peur d'être critiqué ou abandonné, tandis que le sujet borderline tolère mal sa dépendance à l'autre en mettant à l'épreuve sa patience et son amour inconditionnel par des caprices, des pleurs et des colères.

Tout comme le sujet présentant une personnalité évitante, le sujet borderline éprouve souvent une gêne forte dans les situations sociales (réunion, fête, soirée) par crainte d'être critiqué ou rejeté. Cependant, à la différence du sujet évitant, qui fuit systématiquement tous les contacts, le borderline s'isole rarement complètement.

Les réactions vives (rage, colère) face aux critiques et à la désapprobation caractérisent aussi bien les personnalités narcissiques que les personnalités borderlines. Toutefois, contrairement au borderline qui se dévalorise, le narcissique est hautain, orgueilleux, vantard.

Les traits de personnalité histrionique, tels que l'hyperémotivité, le théâtralisme et la dramatisation, s'observent souvent chez les femmes borderlines. Toutefois, la haine de soi et l'autodestructivité sont nettement plus prononcées chez le borderline que chez l'histrionique.

L'impulsivité, les accès de colère, l'abus de drogues et d'alcool caractérisent aussi bien la personnalité borderline que la personnalité antisociale (psychopathie). Toutefois, à la différence du sujet borderline qui est hyperémotif, le psychopathe manque profondément de sensibilité, se montrant complètement indifférent à la souffrance de l'autre. Chez l'homme, les traits de personnalité borderline sont souvent associés aux traits de personnalité antisociale.

Connaître le diagnostic, mais s'en détacher

Attention : même si vous vous êtes reconnu à travers la description des symptômes et les témoignages des sujets borderlines évoqués dans ce chapitre, votre diagnostic doit être établi par un psychiatre ou un psychologue spécialisé dans la prise en charge des patients borderlines. Vous ne pouvez vous fier à vos impressions, car il est possible que le nombre et l'intensité des symptômes dont vous souffrez ne justifient pas le diagnostic de la personnalité borderline.

Certains professionnels de santé mentale évitent de communiquer le diagnostic au patient, notamment lorsqu'il s'agit d'un trouble de la personnalité. Nous ne partageons pas cet avis. Les patients borderlines devraient le connaître et comprendre la pathologie dont ils souffrent. D'après notre expérience clinique, la plupart d'entre eux vivent l'annonce du diagnostic comme un soulagement, car celui-ci leur permet de mettre un nom sur une souffrance ancienne, souvent incomprise, culpabilisée ou banalisée par l'entourage. Martha se lamente : « *Avant, mon entourage pensait que j'avais mauvais caractère. Dès que mon psychiatre m'a dit que je souffrais du trouble borderline, je me suis sentie soulagée. Enfin, ma souffrance m'a paru justifiée. Je l'ai expliqué à mes amis et à mes proches, et maintenant ils comprennent mieux mes difficultés et me jugent moins.* »

Cependant, le diagnostic ne doit pas être considéré comme une carte d'identité. Le patient doit éviter de se définir à travers son trouble, car ses symptômes sont susceptibles d'évoluer positivement avec le temps, en particulier si une psychothérapie est entreprise. Comme le résume bien l'un de nos patients : « *Au début, je pensais qu'être borderline, c'était mon identité, mon destin. Aujourd'hui, après deux ans de thérapie, je réalise que je ne suis pas que ça, mais que je suis beaucoup plus. Je sais que j'ai des points faibles, mais aussi des forces et des talents.* » En d'autres termes, les patients doivent garder à l'esprit, que, outre leur souffrance, ils ont aussi des qualités et des ressources dont ils ne sont pas toujours conscients, mais que la thérapie peut les aider à découvrir et à mobiliser. Le diagnostic doit être compris comme une indication de l'endroit où le patient se trouve actuellement sur son chemin, sans jamais oublier la perspective d'une évolution positive. Il faut croire que les progrès soient possibles pour qu'ils le deviennent réellement !

CHAPITRE 4

Des causes multiples

Comme pour les troubles mentaux en général, il n'existe pas pour celui qui nous occupe de cause simple, directe, indiscutée, comme c'est le cas avec les maladies infectieuses, par exemple. On considère plutôt que les troubles mentaux résultent d'un ensemble d'éléments à caractère causal ou favorisant. Par ailleurs, dans le cas de la personnalité borderline, qui s'exprime de façon très variable et comporte plusieurs dimensions relativement séparées (instabilité affective, impulsivité, perturbation des relations, voir chapitre précédent), les recherches sur ses causes sont particulièrement difficiles à mener. Plus généralement, il faut se garder de tout réductionnisme, qu'il soit biologique ou psychologique. Il est aussi vain d'affirmer que les troubles mentaux sont des maladies cérébrales comme la maladie de Parkinson ou la maladie d'Alzheimer que de prétendre que seuls les événements psychologiques en sont à l'origine. C'est pourtant ce réductionnisme qui inspire bien des recherches menées dans le domaine de la psychiatrie, non seulement lorsqu'il s'agit de rechercher des causes ou des facteurs favorisants, mais aussi dans les études thérapeutiques. Sans aller jusqu'à dire que chaque cas est différent, il ne faut pas ignorer les particularités de chaque situation clinique et leur extrême complexité. C'est d'autant plus vrai pour les troubles de la personnalité et, en leur sein, pour le trouble borderline.

Il est habituel de distinguer les causes psychologiques, biologiques et sociales, en considérant que ces différentes causes interagissent. La description de ces interactions aboutit à des modèles particulièrement complexes, qui ne peuvent être rigoureux dans la mesure où la population de patients concernés est très hétérogène. Dans le cas du trouble de la personnalité borderline, des pistes intéressantes concernent tel ou tel facteur favorisant, mais il faut bien avouer que, pour l'instant, aucun de ces facteurs, *a fortiori* aucune cause au sens strict du terme ne peut être considérée comme nécessaire ou suffisante.

Dans le domaine biologique, on a cherché à savoir si certains gènes prédisposaient ou non aux troubles de la personnalité borderline et à mieux connaître les anomalies du fonctionnement cérébral qui seraient à l'origine de l'instabilité affective, de l'impulsivité et des perturbations relationnelles caractéristiques de cette affection. Les principales méthodes utilisées ont été celles de la biologie moléculaire et de l'imagerie cérébrale. Grâce à elles, on peut en effet accéder aisément au génome et à ses variations d'une part, mesurer les différentes structures cérébrales et décrire leur fonctionnement d'autre part.

Dans le domaine psychologique et social, on s'est intéressé à différents facteurs de risque potentiel, notamment les événements vécus dans l'enfance, la façon dont le futur patient atteint du trouble de la personnalité borderline a été élevé et les éventuels traumatismes qu'il a pu subir. Enfin, les expériences de vie des patients à l'adolescence ou au début de l'âge adulte ont souvent tendance à le renforcer dans ses mécanismes psychologiques.

Enfin, on peut s'interroger sur l'influence culturelle et sociale jouant sur le déterminisme de ce trouble, dans la mesure où il est d'identification récente et où son diagnostic est posé principalement dans les pays développés.

La part des gènes

Lorsque les chercheurs en génétique s'intéressent à une maladie, quelle qu'elle soit, mais surtout en psychiatrie, sauf à adopter des méthodologies simplistes et du coup sans valeur scientifique, il leur est toujours difficile de démêler les influences de l'environnement des influences biologiques et, au sein des influences biologiques, les influences génétiques des autres perturbations biologiques, dites épigénétiques, car elles se surajoutent aux influences génétiques.

Les études génétiques classiques ont consisté à comparer les proches, au plan biologique, des sujets atteints d'un trouble de la personnalité borderline avec ceux de sujets indemnes de ce trouble ou atteints d'un autre trouble mental. Ces travaux ont permis de montrer que l'influence génétique n'était pas nulle dans le trouble de la personnalité borderline, mais qu'elle était probablement moindre que dans d'autres troubles mentaux. Ainsi, le taux de concordance chez les jumeaux homozygotes, c'est-à-dire ceux qui ont exactement les mêmes gènes, serait d'environ 25 % dans le trouble de la personnalité borderline, alors que ce chiffre est d'environ 50 % dans la schizophrénie. Si on inclut non plus seulement les jumeaux, mais tous les proches des sujets atteints d'un trouble de la personnalité borderline, on s'aperçoit que le risque chez les apparentés d'être atteints de ce trouble est plus élevé que celui qu'on observe dans la population générale : 10 % environ contre 1 %.

On peut objecter à ces résultats que les proches partagent souvent le même environnement et que ce type d'étude ne permet pas de différencier nettement l'influence psychosociale de l'influence génétique. Néanmoins, on peut affirmer avec certitude que le trouble borderline n'est pas de nature génétique comme le sont d'autres maladies – par exemple l'hémophilie –, mais que, dans certains cas au moins, telle ou telle caractéristique génétique favorise l'apparition du trouble de la personnalité borderline. Ce sont ces gènes de vulnérabilité qui font l'objet d'études de génétique moléculaire.

Plutôt que d'essayer de mettre en corrélation une anomalie génétique avec le trouble de la personnalité borderline pris dans son ensemble, tâche qui paraît *a priori* beaucoup trop ardue, étant donné l'hétérogénéité du trouble de la personnalité borderline et la fréquence des autres troubles associés, en particulier ceux de l'humeur, les généticiens ont défini ce que l'on appelle des endophénotypes. Un endophénotype est constitué de caractéristiques cliniques ou biologiques qui correspondent non pas aux troubles dans sa globalité, mais à une partie de ce trouble. De plus, cet endophénotype peut être mis plus facilement en corrélation avec une anomalie génétique donnée. Ainsi, dans le trouble de la personnalité borderline, plusieurs travaux ont été menés sur la dimension d'impulsivité et sur la dimension d'instabilité affective. Des travaux plus récents ont proposé de définir un troisième endophénotype correspondant à la troisième grande dimension du trouble, à savoir les difficultés relationnelles.

C'est dans le domaine de l'impulsivité que la génétique et la biologie sont probablement les plus avancées. Les résultats obtenus en la matière concernent d'ailleurs la dimension d'impulsivité quel que soit le contexte dans lequel elle apparaît, c'est-à-dire pas seulement l'impulsivité des patients borderlines, mais aussi les conduites impulsives observées dans d'autres pathologies mentales comme le trouble de la personnalité antisociale. On sait qu'un déficit en sérotonine, l'un des neuromédiateurs les plus répandus dans le cerveau, facilite les conduites impulsives, y compris le suicide. Les gènes qui interviennent dans le métabolisme de la sérotonine et son transport au sein du système nerveux ont été très étudiés. Plusieurs travaux semblent montrer qu'une caractéristique génétique consistant en une variation touchant le gène du transporteur de la sérotonine pourrait représenter un facteur de risque des comportements impulsifs, facteur favorisant mais non cause à lui seul, condition ni nécessaire ni suffisante.

Un autre point important concerne les variations de l'humeur du trouble borderline. Dans certains cas, ils sont très proches de ceux d'un trouble bipolaire, si bien que, pour certains auteurs, la personnalité borderline serait à rattacher aux troubles bipolaires de l'humeur, dont le déterminisme génétique est suffisamment prouvé dans son principe, bien qu'il soit en très grande partie inconnu dans ses déterminismes génétiques précis. Voilà qui souligne une fois de plus combien il est intéressant d'aborder les études génétiques dans le trouble borderline non selon une approche globale mais plutôt en isolant telle ou telle facette du trouble, ce qui implique aussi que les éventuels résultats obtenus ne pourront pas être généralisés à l'ensemble des patients borderlines.

Des prédispositions génétiques à certaines anomalies observées dans le trouble borderline sont donc probables et certaines d'entre elles, notamment concernant l'impulsivité, commencent à être mieux définies. Cependant, *la part de l'influence génétique dans le trouble borderline semble réduite*. Ainsi, il est illusoire, ou du moins fortement prématuré, de penser qu'une analyse ou des tests génétiques pourraient aider au diagnostic ou au traitement du trouble de la personnalité borderline.

Une anomalie cérébrale ?

Depuis l'avènement de la tomodensitométrie (scanner) dans les années 1970, puis des nombreuses autres techniques d'imagerie cérébrale, en particulier l'imagerie par résonance magnétique (IRM), il est possible d'avoir une idée assez précise des structures anatomiques cérébrales d'un sujet vivant (sans attendre l'autopsie) et même de voir le cerveau en train de fonctionner. Ces dernières méthodes dites d'imagerie fonctionnelle – la plus utilisée étant l'IRM fonctionnelle – nécessitent que le sujet soit placé dans des conditions expérimentales bien définies et engagé dans une tâche cognitive précise. Elles montrent les zones cérébrales activées pendant la tâche accomplie par le sujet de façon relativement grossière, avec une résolution encore limitée, même si les progrès techniques considérables réalisés dans ce domaine permettront à brève échéance d'avoir une vision beaucoup plus fine du fonctionnement cérébral.

Néanmoins, lorsqu'on procède à des comparaisons entre des sujets atteints d'une maladie cérébrale ou d'un trouble mental donnés, les sujets indemnes de ce trouble ou souffrant d'un autre trouble, on peut déceler des différences et, avec la prudence et la rigueur qui s'imposent, formuler des hypothèses physiopathologiques sur le trouble étudié.

Il faut malgré tout avoir à l'esprit que, par définition, à un comportement différent correspond un fonctionnement cérébral différent, sans qu'il soit possible de considérer que l'anomalie cérébrale constitue une cause du trouble psychique. Elle en est seulement le témoin.

Le trouble de la personnalité borderline a fait l'objet de nombreuses études d'imagerie structurale et fonctionnelle. Les principales anomalies qui ont été retrouvées concernent les structures liées aux émotions (système limbique). On a également montré que les relations entre les structures liées aux émotions et les structures corticales plus haut situées anatomiquement et d'apparition plus récente dans l'évolution qui inhibent les réactions émotionnelles trop intenses étaient perturbées. Une étude récente a même montré que l'hyperréactivité émotionnelle était plus marquée chez les sujets atteints de personnalité borderline lorsque ceux-ci étaient placés dans un environnement hostile ou négatif, ce que l'observation clinique nous indique déjà. Il faut aussi souligner l'une des limites des études en imagerie cérébrale dans les troubles mentaux : les perturbations et les anomalies retrouvées ne sont ni très spécifiques, puisqu'on peut les retrouver dans d'autres troubles mentaux, ni très sensibles, puisque certains sujets atteints du trouble de la personnalité borderline ne les ont pas.

Comme pour la génétique, il n'y a en matière d'imagerie aucun moyen d'établir une cause ou un diagnostic pour le trouble de la personnalité borderline. Les résultats des études biologiques semblent toutefois compatibles avec l'idée que *des expériences précoces, c'est-à-dire lorsque le cerveau poursuit sa maturation pendant l'enfance, peuvent laisser leur marque à un âge plus avancé,* lorsque le trouble s'exprime. Cela nous amène à examiner les premières années de la vie, pendant lesquelles les traits psychologiques se dessinent et le cerveau se construit, avant de trouver une plus grande et relative fixité à la fin de l'adolescence et au début de l'âge adulte.

Une famille pathogène ?

Une hypothèse a bien sûr aussi été soulevée : l'attitude des parents dans l'enfance jouerait un rôle dans l'apparition du trouble borderline. Notre personnalité résulte en effet d'interactions entre notre tempérament, qui est plus ou moins inné, et les expériences que nous avons traversées tout au long de notre vie, en particulier dans notre enfance. De nombreuses études, surtout rétrospectives, c'est-à-dire en interrogeant les personnes concernées ou leur entourage sur le passé, ont été menées pour essayer de déterminer si certaines particularités se retrouvaient dans l'enfance des sujets atteints d'un trouble de la personnalité borderline.

Bien que la reconstitution avec exactitude du passé soit très difficile et sujette à caution, il apparaît malgré tout que, plus souvent que les autres individus, les patients atteints de la personnalité borderline ont grandi dans des conditions difficiles. On retrouve en particulier la notion d'abus sexuel ou de maltraitance psychologique. Ces mauvais traitements ont pour particularité d'être répétés et prolongés. Il peut s'agir de négligence : les désirs et les souhaits du nourrisson ou du petit enfant ne sont pas pris en compte. Il peut s'agir aussi de violences verbales ou physiques. Celles-ci sont souvent liées à des troubles présents chez les parents, comme l'alcoolisme ou des troubles mentaux. En tout cas, ces conditions difficiles ne permettent pas à l'enfant qui en est la victime de connaître un épanouissement et un développement harmonieux. Elles entraînent une mauvaise structuration ou une déstructuration de sa personnalité, qui peut s'exprimer plus tard sous la forme d'un trouble borderline.

Un traumatisme ?

On a parfois rapproché le trouble de la personnalité borderline de l'état de stress post-traumatique, autre trouble mental se caractérisant par l'apparition, après un traumatisme particulièrement menaçant pour la vie du sujet, de perturbations tournant autour de celui-ci : évitement de situations en rapport avec l'événement traumatique, cauchemars, impression de revivre le traumatisme (reviviscences), dépression, état permanent d'hypervigilance.

Dans le trouble de la personnalité borderline, on a plutôt mis en évidence des traumatismes répétés qu'un traumatisme unique. Parmi ceux-ci, on a assez souvent retrouvé des traumatismes sexuels dans les antécédents des personnes atteintes de troubles de la personnalité borderline : inceste, attouchements, etc.

Il est cependant très difficile de connaître la réalité de ces traumatismes, même si, parfois, elle est avérée. Ainsi, les souvenirs peuvent se transformer, se déformer. On peut donc retrouver avec excès des antécédents d'abus sexuels. Inversement, des études ont montré que certains enfants atteints d'abus sexuels avérés avaient totalement refoulé leurs souvenirs liés à ces abus.

Quelles que soient les données épidémiologiques et psychopathologiques, *il est évident que des antécédents d'abus sexuels sont susceptibles de jouer un rôle dans la constitution de la personnalité borderline*. Sans que son avis soit unanimement partagé, le psychanalyste français Jean Bergeret considère même que ce sont ces abus sexuels répétés qui empêchent la structuration de la personnalité et contribuent à l'apparition du trouble de la personnalité borderline.

Un mal social ?

Certains se demandent si le trouble borderline ne serait pas favorisé par la société contemporaine. La réponse à cette question ne va pas de soi. Nous avons vu au chapitre 1 que ce trouble n'était pas encore identifié au début du XXe siècle, mais qu'il a été défini progressivement à partir des années 1930 et que son apparition dans les classifications internationales remonte à 1980. En théorie, rien n'empêche de penser que des sujets qui vivaient au XVIIIe ou au XIXe siècle, voire auparavant, pouvaient avoir des problèmes correspondant à ce que l'on entend aujourd'hui par trouble de la personnalité borderline, même si celui-ci reste défini de façon relativement floue. Ainsi, Harold Blum, dans un article de la revue *Topique* (n° 98, juin 2007) consacré au cas célèbre du petit Hans exposé par Freud en 1909, rappelle que la mère de ce dernier était une patiente de Freud. Celui-ci considérait qu'il s'agissait d'une patiente atteinte de névrose obsessionnelle, alors que Harold Blum, directeur des Archives Freud de Washington, porte, lui, le diagnostic d'état limite, entité nosologique qui n'existait pas à l'époque, mais qui lui paraît mieux décrire l'état mental de cette jeune femme.

La façon d'exprimer sa détresse psychique varie selon les périodes et le contexte historique et social. Ce phénomène de variation dans l'expression des troubles est appelé pathomorphose. On pourrait prendre comme exemple les scarifications, symptôme qu'on observe fréquemment chez les sujets atteints de trouble de la personnalité borderline et qui en est même très caractéristique. On s'aperçoit aujourd'hui qu'il s'agit d'une pratique de plus en plus commune, notamment chez les adolescentes. Il se produit en effet chez ces dernières un phénomène d'imitation identitaire qui donne à la scarification une autre signification que d'être seulement un symptôme du trouble de la personnalité borderline. Cependant, on peut penser que c'est aussi, pour des personnalités fragiles, la porte d'entrée vers l'ensemble du cortège symptomatique qui constitue ce trouble.

Il est évident aussi que les conditions de vie et la façon dont les hommes conçoivent leur existence ont considérablement évolué au cours des siècles passés dans nos sociétés, qui ont vu l'avènement de la démocratie, la recherche perpétuelle de nouvelles performances techniques et la très forte diminution de la croyance religieuse. Ces deux derniers éléments, le progrès technique et l'érosion de la foi, ébranlent les certitudes et ne contribuent certainement pas à la structuration de la personnalité autour de repères fixes. On a évoqué aussi le fait que les troubles du comportement alimentaire – la boulimie du moins, dont sont très souvent atteints les sujets borderlines – ne s'observent que dans des sociétés d'abondance. Enfin, l'impulsivité est très certainement renforcée par la culture de l'immédiateté, où l'on presse sur un bouton pour obtenir un résultat instantané, le sujet contemporain ayant de plus en plus de mal à inscrire son action et ses désirs dans le temps, se situant plutôt dans l'instant et l'intolérance à la frustration. Ces évolutions sociales participent peut-être au puzzle que représentent les causes du trouble de la personnalité borderline, lequel est encore en voie de construction.

CHAPITRE 5

La psychothérapie, traitement par excellence

Une nécessaire prise en charge psychothérapeutique

Selon le guide officiel de traitement élaboré par les plus grands spécialistes du domaine, la psychothérapie représente la base : « La plupart des patients souffrant d'un trouble de la personnalité borderline ont besoin d'une psychothérapie prolongée pour atteindre et maintenir une amélioration durable[1]. »

Cependant, la conjonction d'un traitement médicamenteux et d'une psychothérapie s'avère souvent nécessaire. Une grande partie des borderlines a besoin d'un traitement pour apaiser leurs symptômes les plus envahissants afin d'être psychologiquement disponibles pour un travail psychothérapeutique.

---

1. American Psychiatric Association (2001), « Practice guideline for the treatment of patients with borderline personality disorder », *Am. J. Psychiatry*, 158, supplément d'octobre.

Un nombre important des recherches scientifiques a été consacré à l'étude de l'efficacité des psychothérapies dans le traitement du trouble de la personnalité borderline. Toutes ces recherches ont donné des résultats positifs : les sujets borderlines peuvent faire des progrès considérables à condition de s'engager sérieusement dans une démarche thérapeutique.

Quelle durée ?

La durée d'une thérapie dépend de plusieurs facteurs : la gravité de l'état du patient, les autres troubles dont il souffre, sa motivation pour changer, l'approche thérapeutique choisie, etc. Ainsi, les thérapies d'inspiration psychanalytique sont généralement plus longues que les thérapies cognitives et comportementales.

Au vu des résultats des études et selon le guide de traitement de l'APA, une amélioration significative ne peut pas être obtenue en moins d'un an, au rythme de deux séances de psychothérapie par semaine. Une année de soins permet de réduire les comportements les plus problématiques, d'améliorer la gestion des colères et le recours aux actes autodestructeurs, mais un traitement plus long, de deux ans environ, est nécessaire pour parvenir à un changement plus radical, notamment dans le domaine des relations interpersonnelles.

Quelles limites ?

Certains spécialistes estiment qu'une approche psychothérapeutique inappropriée peut aggraver et/ou chroniciser les symptômes[1]. L'expérience clinique ainsi que les recherches scientifiques montrent que les méthodes psychothérapeutiques classiques, quel que soit leur fondement théorique, sont peu efficaces, voire contre-productives. Il s'agit en particulier de la cure psychanalytique sur le divan et des thérapies cognitives et comportementales classiques. C'est pourquoi plusieurs modèles psychothérapeutiques ont été créés tout spécialement pour le traitement du trouble de la personnalité borderline, dont les plus connus sont : la *thérapie dialectique comportementale* de Marsha Linehan de type cognitivo-comportemental et la *thérapie centrée sur le transfert* d'Otto Kernberg, de type psychanalytique.

Voici maintenant les bases de ces approches thérapeutiques qui ont fait preuve de leur efficacité. Nous aborderons ensuite les raisons de l'inefficacité de la cure psychanalytique auprès de patients borderlines.

1. Bateman A., Fonagy P. (2006), *Mentalization-Based Treatment for Borderline Personality Disorder : A Practical Guide*, New York, Oxford University Press.

Les thérapies cognitives et comportementales

L'APPROCHE DE BECK

D'après l'approche cognitivo-comportementale d'Aaron Beck[1], les problèmes du sujet borderline, qui se manifestent dans tous les aspects de sa vie, sont attribués aux schémas de pensée négatifs ou inadaptés qui déterminent ses perceptions, ses interprétations, ses émotions et son comportement. Le but de la thérapie est de les modifier ou de les remplacer par d'autres, plus positifs, de façon à ce que le sujet puisse porter un regard plus optimiste sur la vie et établir des relations plus harmonieuses avec son entourage.

Selon Beck, trois croyances sont prégnantes chez le sujet borderline : 1) « Je suis impuissant et vulnérable », 2) « Le monde est malveillant et dangereux », et 3) « Je suis totalement inacceptable ». Ces croyances sont source de souffrance dans la mesure où elles sont à l'origine d'un désespoir, d'une hypersensibilité et de comportements autodestructeurs.

La tendance à voir les choses en noir et blanc ou la « pensée dichotomique » serait le deuxième facteur contribuant à la détresse du sujet borderline. Il s'agit, d'après Beck, de « la tendance à évaluer les expériences en termes de catégories mutuellement exclusives (bon ou mauvais, succès ou échec, digne de confiance ou traître) », plutôt

1. Beck A. T., Freeman A., Davis D. D. (2004), *Cognitive Therapy of Personality Disorders*, New York, The Guilford Press.

que d'avoir une vision nuancée des personnes de l'entourage, des circonstances ou des événements de vie. L'effet de ce mode de pensée tout noir ou tout blanc serait d'amener l'individu à qualifier d'extrême un événement qui ne l'est pas, c'est-à-dire à attacher trop d'importance à un événement qui n'en mérite pas autant. Par exemple, se sentir abandonné et totalement indigne d'être aimé parce qu'un ami n'a pas retourné notre appel. Par ailleurs, l'évaluation de situations en termes extrêmes conduit à des réactions émotionnelles excessives et à des actes autodestructeurs (automutilation, accès de rage, etc.).

Le troisième facteur à l'origine des problèmes des sujets borderlines serait un sens de l'identité faible ou instable. L'impossibilité à se fixer des buts et priorités aurait comme conséquence de grandes difficultés à s'engager dans des activités constructives et efficaces orientées vers des buts à long terme. Cette perturbation identitaire serait à l'origine d'une faible estime de soi et d'une incapacité à persévérer malgré les difficultés.

Le but de cette thérapie est de modifier les croyances négatives sur soi, les autres et le monde, de diminuer la vision des choses toute noire ou toute blanche, d'augmenter le contrôle des émotions et de renforcer le sens de l'identité.

La relation thérapeutique est conçue comme une collaboration ; le patient et le thérapeute travaillent ensemble sur des objectifs préalablement négociés, en assumant tous les deux un rôle actif dans les échanges, ce qui constitue la différence principale avec les thérapies psychanalytiques.

Outre la thérapie de Beck, il existe d'autres types de thérapies cognitivo-comportementales dont la thérapie dialectique-comportementale de Marsha Linehan, créée spécialement pour le traitement du trouble borderline.

LA THÉRAPIE DIALECTIQUE-COMPORTEMENTALE DE LINEHAN

Psychologue et professeur de psychologie à l'Université de Washington, Marsha Linehan a créé la thérapie dialectique-comportementale (TDC) pour le traitement du trouble de la personnalité borderline. Sa vision du trouble borderline et ses méthodes d'intervention ont été inspirées à la fois par les théories cognitives et comportementales, la psychanalyse, la philosophie marxiste et le bouddhisme zen.

S'appuyant sur les idées de Hegel et de Marx, Linehan a qualifié sa théorie de dialectique. En effet, d'après la théorie dialectique de Hegel, la synthèse des idées contradictoires vers une unité supérieure (*Aufhebung*) constitue le moteur de l'évolution de l'esprit. Linehan, quant à elle, souligne le caractère dichotomique et contradictoire de la pensée et des attitudes du sujet borderline. Ce dernier est habité par des contradictions qu'il ne parvient pas à dépasser par une synthèse créative. Par exemple, il a à la fois peur d'être abandonné et d'étouffer dans une relation, il veut à la fois vivre et mourir, etc. Le thérapeute doit aider le sujet borderline à dépasser ces antithèses par une synthèse.

Par ailleurs, Linehan considère que le sujet borderline vit dans une société qui n'est pas faite pour lui dans la mesure où la société occidentale valorise les individus indépendants et fortement autonomes, et rejette comme anormaux ceux qui ont besoin de liens étroits, voire d'un certain degré de fusion, avec les autres et l'ensemble de la société.

D'après elle, les difficultés du sujet borderline seraient liées, d'une part, à une vulnérabilité émotionnelle d'origine génétique et, d'autre part, à l'invalidation des émotions *a priori* « excessivement douloureuses, intenses, tenaces » par les parents. Autrement dit, les parents du sujet borderline n'auraient pas reconnu et tenu compte de la fragilité émotionnelle de l'enfant, ce qui aurait entravé le développement des capacités de celui-ci à « gérer » efficacement ses émotions. Typiquement, l'enfant aurait été obligé d'exprimer ses émotions de façon dramatique pour que les parents répondent à ses besoins. Linehan considère que cette attitude parentale contribue à la survenue des gestes suicidaires et à des passages à l'acte à l'âge adulte.

Elle décrit trois dilemmes dialectiques principaux qui caractérisent le sujet borderline :

1) Vulnérabilité émotionnelle/auto-invalidation.

Linehan postule que le borderline n'a pas appris à reconnaître ses émotions et à les considérer comme « légitimes » ou justifiées. Puisque, dans l'enfance, ses émotions étaient qualifiées d'inadéquates ou d'inappropriées, il a appris à ne pas se faire confiance et à compter sur les autres pour tester la réalité, ce qui a comme conséquence un sens de l'identité défaillant. Ainsi, confronté à une situation de stress, le sujet inhibe et dénie ses émotions, en simplifiant à outrance les problèmes et en se punissant de ne pas réussir à les résoudre, ou bien valide à l'extrême sa vulnérabilité émotionnelle, créant un sentiment profond d'injustice et le besoin de montrer aux autres combien il souffre. « Les choses ne devraient pas être comme elles sont » est une pensée récurrente.

2) Passivité active/compétences apparentes.

Le borderline recherche activement que les autres résolvent ses problèmes, tout en faisant preuve à certains moments des compétences nécessaires à la solution de ces mêmes problèmes. Cette incapacité à généraliser les compétences est liée à l'instabilité émotionnelle, l'application des compétences étant tributaire de l'émotion, mais aussi du contexte. Ainsi, dans un cadre sécurisant et soutenant, le borderline peut faire preuve des compétences pour résoudre ses problèmes, alors que celles-ci lui sont difficiles à appliquer dans un milieu moins protégé. C'est pourquoi il se sent insuffisamment armé pour faire face aux difficultés qu'il rencontre. L'extrême dépendance vis-à-vis des autres peut devenir source de honte (« *je suis tellement incapable* »), de culpabilité (« *je devrais pouvoir m'en sortir seule, mais visiblement je n'ai pas la motivation nécessaire* ») ou encore de colère (« *les autres devraient comprendre combien c'est difficile pour moi* »). La thérapie vise alors à apprendre au borderline à résoudre ses difficultés tout en sachant demander de l'aide.

3) Crises aiguës/inhibition des émotions douloureuses.

Les sujets borderlines sont souvent en état de crise aiguë, ce qui pourrait s'expliquer par leurs difficultés importantes à faire face au stress. Les problèmes réels n'étant pas réglés, le stress peut devenir chronique et durable. Par ailleurs, les difficultés interpersonnelles que rencontrent les sujets borderlines suscitent un stress supplémentaire. Un environnement peu soutenant et l'absence de réseau social satisfaisant contribuent aussi au maintien de la crise.

L'inhibition des émotions douloureuses est une façon de réagir à la crise permanente. Marsha Linehan considère que cette inhibition est une réaction logique à des émotions incontrôlables, une détresse persistante et un environnement insuffisamment soutenant, car il est difficile de vivre et d'expérimenter les émotions que l'on se sent incapable de gérer. Ainsi, certains sujets borderlines développent une véritable phobie des émotions qui se traduit par l'évitement, l'inhibition ou l'ignorance des émotions négatives. Parfois nécessaire, ce processus d'inhibition génère néanmoins à moyen et à long terme une incapacité à tolérer toute situation ou toute émotion douloureuse.

Ainsi, la gestion des émotions chez le sujet borderline procède de deux façons extrêmes : par l'inhibition totale du ressenti ou bien par un débordement émotionnel intense et non contrôlé se manifestant par un comportement inapproprié. Ces deux modes de réactions extrêmes se renforcent systématiquement l'un l'autre, car l'inhibition des affects douloureux est génératrice de crise et *vice versa*.

La thérapie dialectique-comportementale prévoit le traitement du TPB en quatre stades relativement distincts. Le stade 1 de la thérapie vise la stabilisation et la régulation des comportements impulsifs. Le stade 2 comprend un travail sur les expériences traumatiques source de détresse émotionnelle. Le stade 3 a pour objectif d'améliorer l'estime de soi et d'apprendre au sujet à résoudre efficacement ses problèmes. Le stade 4 vise le déploiement des capacités à ressentir la joie.

L'objectif de la thérapie de Linehan est d'apprendre aux sujets borderlines à tolérer la détresse, à réguler les émotions fortes sans recours aux comportements autodestructeurs et à dépasser les conflits interpersonnels sans agressivité ou évitement. Cette thérapie comprend des séances individuelles et des séances en groupe où les patients s'exercent, à travers des jeux de rôle, à gérer les relations interpersonnelles, à s'accepter et à accepter les autres. Son originalité consiste en la pratique d'une forme de méditation détachée de l'action (*mindfulness training*), qui est censée permettre aux sujets de mieux tolérer leurs émotions débordantes. Cette technique, inspirée des méditations bouddhistes, invite le sujet à être pleinement conscient de ses états émotionnels, de les accepter au lieu de lutter contre eux ou de les nier, mais de s'en détacher totalement, ce qui permettrait de les dépasser.

LA THÉRAPIE DES SCHÉMAS DE YOUNG [1]

Cette thérapie a été conçue par Jeffrey Young (2003), un élève de Beck, qui s'est aperçu que les thérapies cognitives et comportementales classiques donnaient des résultats médiocres dans le traitement des troubles de la personnalité. C'est pourquoi il a créé une méthode intégrative qui s'inspire de courants théoriques et thérapeutiques divers : approche cognitivo-comportementale, psychanalyse, gestalt, théorie de l'attachement, thérapie

1. Young J. E., Klosko J. S., Weishaar M. E. (2003), *Schema Therapy : A Practioner Guide*, New York, The Guilford Press.

centrée sur les émotions, etc. Son originalité réside dans le postulat que la souffrance et les difficultés interpersonnelles des personnalités pathologiques sont liées aux *schémas précoces inadaptés*.

Ces derniers sont définis comme des thèmes stables et envahissants, constitués de souvenirs, d'émotions, de croyances et de sensations corporelles, qui se développent durant l'enfance et s'enrichissent tout au long de la vie de l'individu. Stockés dans la mémoire à long terme, ces schémas font partie intégrante de la personnalité de l'individu, déterminant ses comportements, ses pensées et ses émotions. Les schémas s'auto-entretiennent, car le sujet sélectionne les informations ou crée des situations qui les confirment. Leur origine est envisagée comme le résultat d'interaction entre le tempérament émotionnel de l'individu et ses expériences relationnelles négatives notamment avec les parents. Young postule que les schémas précoces inadaptés se mettent en place suite à des frustrations répétitives d'un certain nombre de besoins supposés fondamentaux : d'être aimé, protégé, valorisé, compris, responsabilisé et de sentir des limites. Dès le plus jeune âge, l'enfant, même s'il n'en a pas conscience, percevrait que l'un de ces besoins n'est pas satisfait, ce qui créerait en lui une réaction viscérale appelée « émotion primaire » ou « tendance à l'action » (inhibition, fuite, approche, agression, rejet, etc.). La répétition de ces émotions primaires suite aux expériences de non-satisfaction des besoins conduira à la création d'une sorte d'automatisme et de conditionnement émotionnel. À l'âge adulte, lorsque le sujet est exposé à des situations analogues, même de façon lointaine, à l'expérience infantile traumatisante, cela engendre, sans que le sujet en ait conscience, la même réaction émotionnelle et comportementale automatique et incontrôlable, la même émotion primaire que celle vécue dans l'enfance. Les situations déclenchant des émotions primaires peuvent être assez variées, comme une proximité relationnelle, une relation hiérarchique ou de pouvoir, une situation d'évaluation, etc.

Cependant, ce que l'on vient de dire est à nuancer, car toute personne ne va pas développer un schéma inadapté à partir de la non-satisfaction des besoins affectifs fondamentaux de l'enfance. Ce sont les individus présentant une vulnérabilité émotionnelle génétique et/ou neurobiologique qui les développeront, ce qui explique que, chez certains, le schéma se crée à partir de traumatismes « mineurs », alors que chez d'autres individus, plus résilients, même des traumatismes « majeurs » ne conduisent pas à la formation d'un schéma inadapté. Par exemple, un individu qui a été abusé ou maltraité durant son enfance s'attend toujours à ce que les autres le fassent souffrir, l'humilient, mentent, trichent et profitent de lui. Il souffre alors d'un schéma de « méfiance-abus » qui s'active chaque fois qu'il rencontre de nouvelles personnes ou quand il est blessé. Chaque souffrance infligée par autrui est perçue comme intentionnelle, injustifiable et signe de négligence extrême. D'après Young, le sujet borderline se perçoit et se vit comme un enfant effrayé, négligé et livré à lui-même dans un monde malveillant et dangereux. Cet enfant chercherait la sécurité et l'aide tout en ayant peur d'être abusé, trahi et abandonné.

Young postule que le TPB résulte de l'interaction des trois facteurs suivants : (1) génétique et tempérament « émotionnellement intense et labile », (2) expériences infantiles aussi bien au sein de la famille que dans la société, (3) interaction entre le tempérament de l'enfant (base biologique, génétiquement prédéterminée) et les attitudes des parents. Il décrit les caractéristiques des environnements familiaux qui peuvent contribuer au développement de la personnalité borderline : (1) instabilité et manque de sécurité, (2) privation et négligence affective, (3) environnement familial dur, punitif et rejetant, (4) environnement assujettissant.

Pour faire face à un schéma inadapté, le patient met en place l'une des trois stratégies d'adaptation suivante : lutte (surcompensation), fuite (évitement) ou blocage (capitulation).

Le but de la thérapie est tout d'abord d'identifier les schémas et les stratégies d'adaptation inadéquates pour tenter de les modifier par des techniques cognitives, émotionnelles et comportementales. Cependant, le travail mené sur la modification des schémas, qui correspondent essentiellement aux traits de personnalité, s'est montré d'utilité limitée chez les patients borderlines en raison de leur instabilité affective intense. Pour pouvoir traiter leurs états émotionnels rapidement changeants, Young a introduit la notion de mode. D'après cet auteur, le monde interne du patient borderline se caractériserait par cinq modes, qui interagiraient d'une manière destructive, créant une sorte de théâtre interne où les forces de cruauté, de rage, de soumission et d'autonéantisation alternent sur la scène. Les modes apparaissent en réaction aux événements de vie externes et se caractérisent par des styles émotionnels spécifiques. Il s'agit des modes suivants :

• Le mode de l'*enfant abandonné,* dans lequel le sujet se sent triste, seul, apeuré, sans secours, abandonné. Ce mode renvoie à l'enfant intérieur qui souffre :

la douleur et la peur sont associées aux schémas d'abandon, d'abus, de manque affectif et d'imperfection.

• Le mode de l'*enfant coléreux* se manifeste lorsque les besoins affectifs fondamentaux ne sont pas comblés. Les schémas activés peuvent être les mêmes que ceux du mode de l'enfant abandonné, mais l'émotion ressentie est la colère, et le sujet se montre verbalement ou physiquement agressif.

• Le mode du *parent punitif* traduit l'internalisation de l'image du parent qui punit. Ce mode s'exprime lorsque le sujet se parle sur un ton critique ou se punit, car il a le sentiment d'être mauvais ou de ne pas être à la hauteur.

• Le mode du *protecteur détaché* s'active lorsque le patient se détache de ses émotions et fonctionne comme un robot. Ce mode se manifeste par un affect plat (abrasé) et une parole mécanique.

Le but de cette thérapie est de renforcer le mode de l'*adulte sain* qui s'exprime par la voix d'un parent fort et aimant et qui est très peu développé chez les patients borderlines. Les schémas précoces inadaptés doivent être modifiés ou remplacé par d'autres, plus positifs.

Les thérapies de type psychanalytique

La psychanalyse est une théorie complexe de la souffrance psychique et de son traitement, fondée par Freud au début du siècle dernier. Son postulat principal est que les symptômes sont l'expression de conflits inconscients entre tendances psychiques opposées (désirs, fantasmes sexuels ou agressifs et différentes entraves qui empêchent leurs réalisations). Les conflits sont supposés être inconscients et le malade est considéré comme étant sous l'emprise de forces obscures d'autant plus puissantes qu'il en méconnaît l'origine. Les conflits seraient liés aux événements lointains de la prime enfance et notamment à la nature des relations que le patient a pu établir avec ses parents ou d'autres personnes importantes de son entourage. L'accent est mis davantage sur la manière dont un événement ou la relation avec les parents ont été vécus par le patient que sur leur caractère objectif. Le sujet est incité à se remémorer et à revivre ses expériences passées qui sont par la suite interprétées et reliées aux problèmes actuels.

Le but de toute thérapie d'inspiration psychanalytique est d'amener le sujet à prendre conscience (*insight*) des forces inconscientes qui le dirigent et qui déterminent ses émotions, ses réactions et ses conduites.

On distingue plusieurs types de thérapies psychanalytiques : la cure psychanalytique classique et les thérapies d'inspiration analytique.

La *cure psychanalytique*, initialement mise au point comme méthode de traitement des névroses, a rapidement montré ses limites dans le traitement du TPB en raison du dispositif particulier qu'elle exige et des techniques utilisées. Le fait d'être dans la position allongée sans voir l'analyste est angoissant pour la majorité des patients borderlines, qui se sentent confrontés à un vide insupportable. Certaines personnes ayant essayé une cure psychanalytique disent s'être senties abandonnées et livrées à elles-mêmes. L'attitude distante de l'analyste est souvent interprétée comme un signe de froideur, de manque de sollicitude, voire de malveillance.

Le psychanalyste américain Adolph Stern constatait déjà en 1938 que les patients borderlines percevaient ses interprétations sur un mode de persécution, comme des critiques blessantes. Par ailleurs, la consigne d'associer librement peut susciter un retour de souvenirs et d'états affectifs dont le caractère traumatisant risque d'aggraver le trouble en exposant à un débordement d'émotions que le patient se sent incapable de gérer tout seul, l'analyste étant neutre. Autrement dit, les caractéristiques du fonctionnement psychique des sujets borderlines les rendent intolérants au cadre classique de la cure, celui-ci pouvant conduire à des régressions et à des décompensations dépressives, pseudo-psychotiques ou somatiques et des passages à l'acte d'où l'exigence des aménagements du cadre. Il est en effet nécessaire de suivre des thérapies en face à face, car le borderline a besoin d'être regardé et de voir le thérapeute.

En revanche, il existe des thérapies d'inspiration psychanalytique aménagées de façon à répondre aux besoins spécifiques des sujets borderlines. Contrairement à la cure psychanalytique classique, celles-ci se déroulent en face à face, et le thérapeute est plus directif.

La *thérapie centrée sur le transfert* est une thérapie d'inspiration psychanalytique conçue spécialement pour le traitement du trouble borderline par le psychiatre et psychanalyste américain Otto Kernberg.

Celui-ci considère que le problème central du sujet borderline est la tendance à se représenter soi-même et les autres comme tous bons ou tous mauvais sans nuances (idéalisés, dévalorisés). Il s'agit là d'un mécanisme de défense, nommé « clivage », qui s'est mis en place à la suite des expériences précoces négatives, mais qui, au lieu de

« protéger » l'individu contre l'angoisse, crée des débordements émotionnels et des difficultés relationnelles persistantes, y compris avec le thérapeute. Ce dernier est aussi tantôt idéalisé, tantôt dévalorisé. C'est à travers l'analyse de sa relation avec le thérapeute que le patient prend conscience de son mode de fonctionnement, de ses modalités relationnelles et parvient à intégrer une vision nuancée de lui-même et des autres.

À notre connaissance, cette thérapie n'est pas encore utilisée de façon rigoureuse en France, mais celles qui y sont pratiquées s'en rapprochent considérablement.

Les thérapies d'inspiration psychanalytique exigent de bonnes capacités de verbalisation, des bases culturelles solides et, avant tout, la foi dans le modèle psychanalytique. Par ailleurs, le patient doit avoir beaucoup de patience, car les résultats ne sont généralement pas observables dans l'immédiat.

Les thérapies familiales

La prise en charge de toute la famille ou du couple peut s'avérer nécessaire lorsque le borderline vit avec ses parents ou en couple. Le postulat principal des thérapies familiales est que tous les membres de la famille sont impliqués dans les difficultés du sujet souffrant et doivent être mobilisés pour que cette situation change. Ces thérapies visent à améliorer les interactions familiales perturbées et la communication défaillante entre les membres de la famille. La participation de tous les membres est généralement demandée. Ceux-ci doivent être prêts à s'investir pleinement.

Afin d'accomplir le plus de progrès possible, le sujet borderline devrait suivre à la fois une thérapie individuelle et une thérapie familiale.

Les conditions nécessaires pour une thérapie efficace

Quelle que soit l'approche thérapeutique choisie, certaines conditions sont indispensables pour que la thérapie puisse être efficace.

LA MOTIVATION POUR CHANGER

C'est l'ingrédient nécessaire de toute thérapie efficace. Pour expliquer son rôle, on peut se servir d'une métaphore : on sait très bien que tout véhicule a besoin de carburant pour pouvoir fonctionner. Dans le contexte d'une thérapie, la motivation est l'essence qui permet de mettre en marche et de faire fonctionner le véhicule de changement. Toute personne désireuse d'entreprendre une thérapie devrait évaluer au préalable sa motivation, en se posant les questions suivantes : pourquoi est-ce que je veux changer, et suis-je prêt(e) à fournir assez d'efforts pour changer ?

Dresser une liste des raisons pour lesquelles on veut changer permet d'augmenter la motivation, notamment si on est toujours hésitant ou poussé par un proche à consulter. Voici la liste d'Hélène : « *Je veux changer pour (1) moins me disputer avec mon mari, (2) être moins gênée dans mes relations avec les autres, (3) être plus patiente et aimante avec ma fille, (4) être moins angoissée par l'abandon, (5) ne plus être constamment stressée et débordée par mes émotions.* » La rédaction de cette liste a motivé Hélène d'aller consulter.

Afin de déterminer les buts de la thérapie qu'on envisage de suivre, il convient de réfléchir aux comportements et aux aspects de sa personnalité qu'on voudrait changer, mais aussi préciser les compétences qu'on aimerait développer (par exemple, la capacité à mieux « gérer » ses émotions, la discipline, la persévérance, etc.). Les objectifs à la fois généraux et spécifiques doivent être précisés. Par exemple, il ne suffit pas de se dire qu'on aimerait être moins impulsif ; il faudrait penser à toutes les situations où les réactions impulsives sont gênantes : « J'aimerais être capable de ne pas me mettre en colère quand on me critique », par exemple. Les buts à long terme doivent aussi être définis, comme trouver un travail ou un partenaire adéquat. Ce type d'exercice permet de mobiliser l'énergie nécessaire à l'investissement dans la thérapie et d'orienter le travail thérapeutique.

Un engagement sérieux dans la thérapie et une bonne assiduité sont aussi requis. Au début, le patient et le thérapeute conviennent d'un rythme de séances (idéalement une ou deux fois par semaine) qu'ils s'engagent à respecter tous les deux. Le patient s'engage à ne pas annuler les séances d'une semaine à l'autre (« *la semaine prochaine, je ne viens pas* ») et à ne pas les annuler à la dernière minute, ce que les patients borderlines font très souvent. Ce point est très important : la thérapie n'est pas un divertissement, c'est une certaine forme de travail qui nécessite un investissement personnel important (énergie psychique, temps, argent). La qualité de cet investissement est déterminante pour le changement. Or l'expérience clinique montre que les manquements plus ou moins fréquents des séances sont l'une des manifestations de la résistance inconsciente au changement qu'il faut dépasser afin de pouvoir avancer. La thérapie n'est pas toujours une partie de plaisir, car, dans son cadre, il faut aborder des sujets douloureux.

Même si on a consciemment envie de changer, une partie de nous n'en a pas envie et fait tout pour résister. Cette partie rebelle se bat pour la survie de vieux schémas négatifs dont nous ne sommes pas toujours conscients, mais qui nous font souffrir. Elle est d'une certaine façon attachée à la souffrance et a peur de s'en séparer. De ce fait, elle trouve toujours des excuses pour ne pas aller en séance : *« J'ai pas envie »*, *« C'est cher »*, *« Je suis bien comme je suis »*, *« C'est trop compliqué »*.

Le patient doit faire des efforts pour dépasser ces résistances en s'engageant à venir même s'il n'en a pas envie ou s'il a le sentiment d'aller mieux *(« Je vais mieux, donc, je n'ai pas besoin d'y aller cette semaine »)*, car les séances de psychothérapie ne doivent pas être considérées comme un cachet que l'on prend pour soulager une douleur aiguë. Le thérapeute ne doit pas être vu comme un pompier à qui on fait appel seulement lorsque la maison brûle, c'est-à-dire lorsqu'on se sent très mal. Ce peut être le cas de temps en temps, mais l'objectif est un remaniement du mode de fonctionnement global de façon à ce qu'on puisse bénéficier pleinement de toutes ses ressources psychiques. Cela nécessite beaucoup de patience et un investissement sérieux.

LA QUALITÉ DE LA RELATION ENTRE PATIENT ET THÉRAPEUTE

La réussite de toute thérapie dépend de la qualité de la relation entre patient et thérapeute, ce qu'on appelle souvent l'« alliance thérapeutique ». Celle-ci est liée aux caractéristiques du thérapeute, comme ses capacités d'écoute, de soutien, d'empathie, de chaleur, mais aussi à celles du patient, notamment sa motivation à changer et atteindre les objectifs fixés par la thérapie. La qualité de toute relation humaine, y compris entre thérapeute et patient, est le résultat d'affinités personnelles. Le patient et le thérapeute doivent se sentir à l'aise l'un avec l'autre et se faire confiance. Le premier doit sentir que le second est investi et engagé. Il faut donc qu'une certaine compatibilité règne dans leurs façons de communiquer et d'interagir. C'est pourquoi même les thérapeutes les plus réputés ne peuvent pas convenir à tous les patients.

ASSUMER UN RÔLE ACTIF DANS LA THÉRAPIE ET ÊTRE PATIENT

Au début, les attentes du sujet borderline sont souvent irréalistes, car il espère trouver une solution miraculeuse qui fera disparaître sa souffrance en un clin d'œil. Il voit le thérapeute comme un sauveur capable de le délivrer de tous les maux d'un coup de baguette magique. La désillusion inévitable est fréquemment suivie de la dévalorisation du thérapeute voire, dans certains cas, de l'interruption de la thérapie.

Or toute amélioration durable nécessite du temps et des efforts, car il s'agit non seulement de comprendre ses difficultés et son mode de fonctionnement, mais aussi de changer effectivement ses modes pathologiques d'agir et de réagir. Autrement dit, la thérapie ne peut se réduire à un simple travail de réflexion sur sa souffrance et son origine. Il ne suffit pas de comprendre pourquoi on souffre pour faire disparaître la douleur. Le sujet borderline doit déployer des efforts conscients pour renoncer aux comportements autodestructeurs lorsque « tout va mal », lorsqu'il craint l'abandon ou qu'il se sent terriblement seul, rejeté ou incompris. Pour ce faire, le borderline doit apprendre à être patient, car le processus de guérison est fait d'améliorations et d'aggravations temporaires qui sont tout à fait habituelles. Il ne doit pas s'inquiéter si certains symptômes, difficultés ou blocages qu'il croyait avoir dépassés réapparaissent lors des périodes de stress, car cela n'annule en rien les progrès accomplis. Il s'agit en général de rechutes temporaires liées aux situations de stress qui font partie du chemin de rétablissement. Pour s'en sortir, le borderline doit donc faire preuve d'une volonté ferme et d'une solide patience pour avancer.

CROIRE AUX PROGRÈS

La clé de la réussite de toute psychothérapie est la croyance en son issue positive. Autrement dit, il faut croire que les changements positifs sont possibles pour qu'ils le deviennent réellement !

Les qualités requises d'un bon thérapeute

Le patient doit veiller à choisir un thérapeute compétent, formé à prendre en charge le TPB. Celui-ci doit aussi posséder un certain nombre de qualités personnelles. Il doit être chaleureux, créatif, ouvert et spontané pour que le patient se sente en confiance, inconditionnellement accepté et non jugé. Les qualités suivantes sont également nécessaires pour qu'une relation de confiance puisse s'établir.

• L'empathie : le patient doit sentir que le thérapeute est capable de se mettre à sa place, de comprendre son désespoir profond et sa difficulté extrême à contrôler ses émotions débordantes.

• La constance : le thérapeute doit se montrer constant et fiable, car le sujet borderline s'attend souvent à être trahi, abandonné, rejeté. La fiabilité doit se manifester moins par des déclarations de bonnes intentions qu'en étant clair, assertif et cohérent dans l'application des règles établies avant le début de la thérapie.

• L'honnêteté : le thérapeute doit être franc, honnête et incorruptible, condition nécessaire au maintien de la confiance. Comme de nombreux sujets borderlines ont été exploités et maltraités par le passé, la rencontre avec une personne honnête et fiable peut redonner l'espoir que, dans ce monde, il y a des gens dignes de confiance et que les expériences humiliantes ne se répéteront pas à l'infini.

• L'implication : le thérapeute doit montrer qu'il est réellement motivé et fortement impliqué dans le processus thérapeutique d'autant plus qu'une écoute neutre ne suffit pas pour aider les sujets borderlines. Étant assez sensibles et intuitifs, ces derniers ont besoin de sentir que le thérapeute leur porte un intérêt sincère et un soutien sans réserve.

• La flexibilité : vu la complexité du trouble borderline et la singularité de l'histoire de chaque patient, le thérapeute doit être souple pour pouvoir s'adapter à la personnalité et au rythme d'avancement de chacun.

Toutefois, le thérapeute idéal n'existe pas ! Tout thérapeute est un être humain avec ses qualités et ses défauts, ses forces et ses faiblesses, et il est susceptible de commettre des erreurs. Ainsi, sans le vouloir, il peut agacer, mettre en colère ou attrister le patient. Pour que les émotions négatives à son égard ne deviennent pas envahissantes au point de bloquer le processus thérapeutique, le patient devrait les exprimer ouvertement de façon non agressive. Par ailleurs, l'analyse des émotions qui émergent au cours des séances peut permettre au patient de mieux connaître son mode de fonctionnement et notamment sa façon d'interagir avec les autres.

Les facteurs qui sabotent la thérapie

Certaines attitudes et comportements du patient peuvent perturber, voire mettre en échec, la thérapie :

• Le manque de motivation : le patient est indécis sur les objectifs de la thérapie ou bien il ne se sent pas prêt pour s'engager dans un travail sur lui-même.

• Le non-respect du cadre thérapeutique : le patient arrive constamment en retard ou annule fréquemment les séances à la dernière minute. Il téléphone trop souvent au thérapeute entre les séances, au-delà de ce qui a été convenu au préalable.

• L'attente passive de solutions magiques : le patient s'attend passivement à ce que le thérapeute apporte une solution à tous ses problèmes en refusant de faire des efforts.

Les résistances au changement

Il peut tout d'abord s'agir d'une difficulté extrême à réfléchir sur soi-même ou à aborder le passé. Certains patients borderlines ont l'impression d'être émotionnellement détachés, de ne rien pouvoir ressentir, d'agir mécaniquement sans être réellement concernés. Par ailleurs, un passé trop douloureux peut être difficile à évoquer. Ces difficultés d'élaboration constituent un obstacle majeur à un travail approfondi sur soi, mais elles peuvent être dépassées grâce à certaines méthodes.

Par ailleurs, même si la souffrance psychique du sujet borderline est extrêmement intense, il en tire, plus ou moins inconsciemment, certains bénéfices secondaires, comme le fait que l'on s'occupe de lui. C'est pourquoi les progrès dans la thérapie peuvent éveiller la peur de perdre le soutien du thérapeute ou des proches ainsi que celle de ne pouvoir assumer des responsabilités et de se confronter seul aux problèmes de la vie. Ces résistances se produisent à un moment donné chez quasiment tous les patients et elles doivent être traitées avec une attention particulière.

Certains patients peuvent présenter des comportements inadaptés vis-à-vis du thérapeute (poser des questions indiscrètes sur sa vie privée ou tenter de le séduire). Or, pour que la thérapie puisse être efficace, une distance convenable est indispensable. Une amitié ou une relation amoureuse entre ces deux protagonistes sabote le processus thérapeutique et peut davantage déstabiliser le patient, notamment si celui-ci a connu une confusion des rôles dans sa propre famille.

Même s'il est souhaitable que le patient exprime ouvertement son vécu de la thérapie, les critiques incessantes à l'égard du thérapeute sont contre-productives dans la mesure où il est impossible d'évoluer positivement dans une relation thérapeutique où le thérapeute est constamment dévalorisé ou agressé. De ce fait, si le ressenti négatif vis-à-vis du thérapeute est constant et insurmontable, il vaut mieux rechercher un autre thérapeute.

Les proches du patient peuvent perturber, voire saboter le déroulement de la thérapie. C'est pourquoi il est important que la famille ou le partenaire encourage le patient dans sa volonté de changer tout en restant assez neutre et non intrusif.

Le déroulement d'une thérapie

Le but principal de toute psychothérapie en cas de trouble de la personnalité borderline, quelle que soit l'approche choisie, est de permettre aux personnes atteintes de dépasser leur autodestructivité et leur défaitisme afin d'accéder à une façon d'être plus créative et plus optimiste. Elles doivent se libérer de la prison interne où règnent l'angoisse, le désespoir et le fatalisme pour s'ouvrir à des expériences positives et faire de la place à l'humour, à la créativité, à la joie, à l'imagination.

Au cours de la thérapie, il s'agit d'apprendre à faire face aux problèmes plutôt que de les éviter ainsi qu'à « gérer » ses émotions fortes autrement qu'en ayant recours à des drogues, à l'alcool, à des crises de boulimie et à d'autres types de comportements autodestructeurs. Comprendre que c'est dans la confrontation aux problèmes que la vie trouve sa dynamique et sa signification : voilà l'objectif. Comme disait Benjamin Franklin : « Ce qui blesse instruit. » Par ailleurs, il est important de garder à l'esprit que la thérapie ne fera pas disparaître les problèmes de la vie, mais permettra de développer les capacités d'y faire face de manière constructive.

En raison de leur instabilité, de nombreux sujets borderlines interrompent prématurément la thérapie. Les raisons d'interruption qu'ils évoquent sont très variées.

Tout d'abord, les thérapeutes n'échappent pas à la vision manichéenne que les sujets borderlines ont des autres. Ils sont en général idéalisés au début pour être aussi vite dévalorisés dès qu'ils ne répondent plus aux attentes du patient. Certains changent souvent de thérapeute en ayant toujours le sentiment de ne jamais pouvoir trouver celui qui leur convient. Cette recherche est parfois justifiée, mais elle est très souvent illusoire, car le thérapeute idéal n'existe pas.

Les patients peuvent arrêter la thérapie, parce qu'ils ne sont pas assez motivés, pas assez soutenus par leur entourage ou parce qu'ils ne peuvent pas s'empêcher de recourir à des comportements autodestructeurs qui interfèrent avec la thérapie (abus de drogues ou d'alcool, automutilations, tentatives de suicide). En effet, la consommation fréquente des substances psychoactives renforce l'instabilité de l'individu en affaiblissant l'enthousiasme et la volonté pour s'investir dans la thérapie.

Les patients qui interrompent prématurément la thérapie, quelle que soit la raison, sont susceptibles d'évoluer moins favorablement que ceux qui persistent jusqu'à l'obtention d'une amélioration significative.

Il s'agit de travailler à la fois sur le passé et sur le présent afin de découvrir ce qui bloque l'épanouissement de l'individu. Que ce soit dans la thérapie individuelle, la thérapie familiale ou la thérapie de groupe, le thérapeute encourage le patient à prendre conscience de ses émotions, de ses pensées et de ses actes afin de pouvoir vivre et agir d'une façon différente. Avec le temps, le patient commence à changer son image de lui-même. Il ne se vit plus comme un enfant impuissant et vulnérable dans un monde menaçant, mais comme un adulte qui a la liberté et la capacité de choisir sa vie.

Il a tendance à projeter les émotions et le vécu de son passé sur le thérapeute. Ce dernier est considéré à certains moments comme soutenant, aimant, affectueux, compréhensif et, à d'autres, comme décevant, insensible et indifférent. Autrement dit, dans un premier temps, l'image que le borderline a de son thérapeute est inconsistante, car prisonnière de sa tendance à voir les autres en noir et blanc. Ces distorsions rendent plus difficiles la construction d'une alliance thérapeutique. Avec le temps toutefois, le patient devient capable d'avoir une vision plus nuancée à la fois de son thérapeute et des autres.

Lors des premières étapes de la thérapie, le borderline désire et craint la proximité affective avec le thérapeute. Il souhaite que celui-ci prenne soin de lui tout en ayant peur d'être envahi et contrôlé. Il redoute aussi que le thérapeute se fâche et l'abandonne. Si ce dernier demeure cohérent dans son attitude et ses interventions, le patient commence à lui faire confiance, ce qui lui donne plus d'assurance pour nouer des liens plus solides avec les autres en dehors de la thérapie.

Au fur et à mesure que le patient réalise des progrès, une relation plus paisible avec le thérapeute s'installe et l'intensité des émotions du passé projetées sur ce dernier diminue. La colère, les comportements impulsifs et les changements brusques d'humeur s'atténuent. La dépendance au thérapeute diminue et engendre une confiance en soi grandissante. Le sentiment d'injustice disparaît en laissant la place à la détermination de prendre sa vie en main et de résoudre ses problèmes. L'impatience et les caprices s'estompent, car le borderline n'attend plus d'être totalement compris et sauvé par les autres, mais accepte et gère ses propres émotions.

Les difficultés peuvent réapparaître vers la fin de la thérapie et les symptômes et les comportements pathologiques depuis longtemps abandonnés peuvent resurgir. Le borderline a en effet peur de ne pas pouvoir affronter la vie sans le soutien du thérapeute.

À la fin, cependant, le patient devient capable de reconnaître que c'est lui-même et non le thérapeute qui a effectué des progrès. Il doit finir par admettre qu'il a les capacités pour fonctionner de façon autonome car, au cours de la thérapie, il a développé des stratégies plus efficaces pour faire face aux problèmes et aux émotions fortes.

CHAPITRE 6

Le traitement médicamenteux, un appoint souvent utile

Parmi tous les moyens thérapeutiques disponibles pour aider le patient atteint de trouble de la personnalité borderline figurent bien sûr les traitements médicamenteux. Ils occupent une place non négligeable dans la prise en charge, même si le plus déterminant reste la psychothérapie, qui repose sur l'établissement d'une alliance thérapeutique. En effet, il a été démontré que le niveau global des troubles et le risque suicidaire diminuaient sensiblement dès qu'un lien avait été établi avec un médecin ou un psychologue.

Les traitements médicamenteux qu'on utilise chez les borderlines jouent un rôle principalement symptomatique, c'est-à-dire qu'ils aident le patient à certains moments de sa maladie et sont actifs sur certains symptômes. Il n'existe pas de traitement médicamenteux spécifique du trouble de la personnalité borderline, mais tous les psychotropes utilisés habituellement dans les troubles mentaux peuvent à un moment ou à un autre trouver une utilité dans cette indication.

Lors de la prescription de médicaments psychotropes, il faut aussi prendre en considération les comorbidités, c'est-à-dire les autres troubles mentaux dont peuvent être atteints les sujets souffrant d'un trouble de la personnalité borderline. Car certaines de ces comorbidités, en particulier les troubles de l'humeur, sont particulièrement accessibles au traitement médicamenteux.

La prescription médicamenteuse doit s'inscrire dans la prise en charge globale du patient et ne peut résumer à elle seule la thérapeutique, d'autant que son impact est d'une ampleur réelle, mais limitée. En aucun cas, elle ne doit laisser l'illusion qu'un progrès ou une « guérison » pourraient être obtenus facilement par la prise d'une « pilule magique ».

Des prescriptions tâtonnantes

On classe habituellement les médicaments psychotropes, c'est-à-dire qui ont une action sur le psychisme, en quatre grandes catégories :

– les antipsychotiques ou neuroleptiques ;
– les antidépresseurs ;
– les anxiolytiques et hypnotiques ;
– les régulateurs de l'humeur, ou thymorégulateurs, ou normothymiques.

Cette classification est partiellement trompeuse. Par exemple, les antidépresseurs sont très souvent efficaces dans les manifestations d'anxiété ou encore les antipsychotiques peuvent avoir des vertus anti-impulsives et apaisantes en l'absence de manifestations dites psychotiques (hallucinations, délires). De même, les régulateurs de l'humeur sont aussi des antimaniaques, tout comme les antipsychotiques. Il y a un fossé entre les maladies mentales telles qu'elles sont définies et classées aujourd'hui et les substances chimiques qui sont utilisées pour les traiter. Nulle correspondance entre une maladie et un médicament, comme entre le diabète des adolescents et l'insuline ! Les médicaments psychotropes ont des actions sur le système nerveux central en se fixant sur des récepteurs (encore s'agit-il d'une action initiale entraînant une cascade d'autres actions, qui sont encore mal identifiées et sûrement d'une inextricable complexité), mais ils en ont aussi sur d'autres parties de l'organisme, ce qui explique qu'à côté des effets recherchés, ils ont aussi beaucoup d'effets indésirables, appelés à tort secondaires, car tous leurs effets résultent de leurs propriétés pharmacologiques.

Au total, une centaine de psychotropes est commercialisée en France, le chiffre étant du même ordre dans les autres pays développés, même si chaque pays a ses particularités commerciales et réglementaires.

Selon les circonstances, on sera donc amené à prescrire tel ou tel type de traitement. Plusieurs études, mais finalement pas si nombreuses que cela, ont été menées de façon plus ou moins rigoureuse pour déterminer l'utilité et l'efficacité exactes de ces traitements dans le trouble qui nous intéresse. L'un des buts visés est de stabiliser le patient pour permettre à la psychothérapie de se développer. Comme nous l'avons vu en évoquant les causes, certaines vulnérabilités biologiques sont également sensibles aux traitements médicamenteux, les fluctuations de l'humeur ou l'impulsivité par exemple.

Historiquement, ce sont d'abord les antipsychotiques qui ont été utilisés, plutôt à faibles doses, dans le trouble de la personnalité borderline, qui était conçu initialement comme une forme atypique de psychose chronique (schizophrénie). Ensuite, lorsqu'on l'a plutôt apparenté à un trouble de l'humeur, les antidépresseurs ont été essayés, puis les thymorégulateurs. Enfin, l'angoisse étant toujours présente dans ce trouble, les anxiolytiques et les hypnotiques ont aussi été largement prescrits, même si certaines études montrent qu'ils peuvent avoir un effet désinhibiteur et favoriser le passage à l'acte, en particulier suicidaire.

Globalement, on peut considérer que tous les psychotropes peuvent être utiles, selon la symptomatologie observée. Aucun d'entre eux ne donne des résultats spectaculaires et aucun n'est utilisé préférentiellement. Cependant, de très nombreuses études, à la méthodologie solide, montrent que l'on peut attendre une amélioration partielle de la symptomatologie grâce à l'aide médicamenteuse.

En pratique, la plupart des patients atteints de troubles de la personnalité borderline reçoivent des traitements. Ainsi, une étude menée dans les années 1980 a montré que seuls 10 % d'entre eux n'avaient aucun traitement. Par ailleurs, devant l'absence de données définitives et claires, c'est l'empirisme qui prévaut. Cela conduit très souvent à la prescription de plusieurs médicaments appartenant à des classes de psychotropes différentes. Ainsi, une étude menée par Mary C. Zanarini aux États-Unis sur une période de six ans a montré que 40 % des patients borderlines ayant participé à ce travail prenaient au moins trois traitements différents en même temps, 20 % au moins quatre et 10 % au moins cinq. La prescription d'un nombre élevé de médicaments peut être considérée comme un aveu d'impuissance ou d'inefficacité, ou au contraire comme témoignant de la difficulté qu'il y a à aider ces patients simplement par un seul traitement tant leur symptomatologie est étendue et variable.

En réalité, les études sur les effets des traitements médicamenteux sont très difficiles à mener dans le trouble de la personnalité borderline dans la mesure où d'autres éléments influent sur l'expression symptomatique, en particulier le fait d'être hospitalisé ou non, d'être suivi par un psychothérapeute ou non, dans la mesure aussi où la population des patients est assez hétérogène. Par ailleurs, comme il s'agit d'un trouble qui évolue sur de très nombreuses années, il faudrait mener des travaux à long terme, ce qui est rarement le cas. Au total, toutes les classes de médicaments psychotropes peuvent avoir leur utilité dans le traitement du trouble de la personnalité borderline. Cependant, les certitudes scientifiques effectuées dans ce domaine sont peu nombreuses, si bien que les médecins prescrivent très souvent des médicaments en fonction de la symptomatologie et procèdent surtout par essais et erreurs avant de trouver une molécule qui ait des effets très favorables.

Quels bienfaits ?

Dans un article paru en 2006 dans une prestigieuse revue américaine de psychiatrie, l'*American Journal of Psychiatry*, John M. Oldham, un spécialiste du trouble de la personnalité borderline, a proposé d'en différencier cinq types :

– le type I : type affectif ;
– le type II : type impulsif ;

– le type III : type agressif ;
– le type IV : type dépendant ;
– le type V : type vide.

Selon lui, en fonction du type, le traitement médicamenteux a une importance décroissante et la psychothérapie une importance croissante. En d'autres termes, c'est pour les types affectifs, impulsifs et agressifs que l'apport du traitement médicamenteux semble le plus intéressant.

Dans le guide clinique qu'il a consacré aux troubles de la personnalité borderline, John G. Gunderson, qui est probablement aujourd'hui l'un des meilleurs spécialistes de cette pathologie, rappelle que les traitements peuvent être utiles, mais qu'ils jouent un rôle d'appoint. On ne peut pas en attendre une guérison. Il faut donc faire attention à ne pas promettre aux patients plus qu'ils ne peuvent attendre.

La prescription médicamenteuse nécessite la collaboration du patient dans l'identification des symptômes cibles sur lesquels les traitements peuvent avoir un effet potentiel : stabilisation d'humeur, troubles du comportement, angoisse, etc. Il faut informer le patient sur le délai d'action des médicaments, action qui n'est pas toujours immédiate, l'informer de l'intérêt des médicaments et de leurs effets indésirables afin de l'impliquer dans les décisions thérapeutiques. Cette implication favorise une prise régulière du traitement. Il faut également insister sur le fait que les effets des traitements sont difficiles à évaluer et que cela ne peut se faire qu'avec la collaboration du patient. S'agissant d'une démarche par essais et erreurs, c'est en effet le patient qui est le meilleur juge pour évaluer l'effet des thérapeutiques, même si parfois le jugement du psychiatre diffère de celui du patient.

Comme il est assez fréquent que le patient prenne mal son traitement, voire l'interrompe de lui-même, il faut rappeler que l'évaluation des résultats du traitement médicamenteux nécessite une prise régulière et scrupuleuse du traitement.

Parfois, la façon de donner vaut autant que ce que l'on donne : le dialogue doit faire apparaître les idées positives ou négatives du patient à propos des médicaments, d'autant plus que les sujets atteints de trouble de la personnalité borderline ont souvent une vision des choses en noir et blanc, sans nuance. Ils ont tendance à attribuer des qualités ou des défauts au traitement et au prescripteur.

Voici certaines des attributions positives émises à propos des médicaments : « *Je suis malade, j'ai besoin de médicaments ; les médicaments réduisent la souffrance ; les médicaments peuvent me soigner.* » En ce qui concerne les attributions négatives, les patients pensent parfois ainsi : « *Les médicaments sont inutiles ; les médicaments contrôlent mon cerveau ; les médicaments sont des drogues ou peuvent entraîner un handicap.* »

À l'égard du prescripteur, on relève les attributions positives suivantes : « *Le médecin a fait de longues études et sait ce qu'il fait ; il veut me soulager de ma souffrance ; il fait tout ce qu'il peut pour m'aider ; je peux compter sur lui.* » À l'inverse, on peut citer comme attributions négatives les jugements suivants : « *Le médecin s'intéresse uniquement à la maladie et pas à ma personne ; il ne s'implique pas dans la prise en charge ; il ne pense pas que la psychothérapie puisse aider ; il cherche à entraver ma liberté.* »

La discussion sur ces attributions permet de remettre le traitement médicamenteux en perspective, de faire preuve d'une plus grande empathie à l'égard du patient et de lui montrer ce qu'il peut attendre réellement du médicament. Le but du prescripteur est d'adopter une attitude collaborative pour que le patient soit actif dans la prise en charge de sa maladie, y compris au plan médicamenteux, et participe au choix thérapeutique en étant le mieux informé possible.

Bien qu'il n'y ait pas de règle absolue, en pratique, on est très souvent amené à dissocier le rôle de prescripteur de celui du psychothérapeute : on parle de double prise en charge. Il est évident qu'alors le psychothérapeute et le prescripteur doivent dialoguer et travailler en harmonie plutôt qu'en rivalité, chacun restant conscient de ce qu'il peut apporter au patient et de ses états limites.

Les médicaments les plus souvent prescrits

En pratique, les médicaments les plus utilisés dans le trouble de la personnalité borderline sont les antidépresseurs et plus spécialement les inhibiteurs sélectifs de la recapture de la sérotonine, puis plus récemment les inhibiteurs de la recapture de la sérotonine et de la noradrénaline. Ces médicaments sont souvent prescrits car ils ont moins de toxicité et d'effets indésirables que les antidépresseurs plus anciens, lesquels sont notamment très dangereux en cas d'absorption massive, ce qui doit être pris en compte en priorité compte tenu du risque suicidaire dans ce trouble. Par ailleurs, plusieurs études ont démontré leur intérêt chez les borderlines. En effet, ils sont actifs sur les symptômes dépressifs, sur l'impulsivité ou les comportements auto-agressifs, sur les troubles des relations sociales et de l'image de soi, et peut-être aussi sur les troubles cognitifs et perceptifs.

Dans une moindre mesure, les antipsychotiques ou neuroleptiques, en particulier les plus récents, dits atypiques, peuvent donner de bons résultats. Enfin, surtout dans le type I d'Oldham, c'est-à-dire le type affectif, où les variations de l'humeur sont très marquées, les régulateurs de l'humeur ont un intérêt de premier plan.

La pratique actuelle montre qu'on peut différencier les traitements pris lors des phases aiguës d'aggravation de la symptomatologie des traitements pris de façon plus chronique. Dans ce deuxième cas, ce sont certains antidépresseurs (inhibiteurs spécifiques de la recapture de la sérotonine) ou certains antipsychotiques qui sont privilégiés. Dans les phases aiguës, le traitement peut être plus lourd, comportant en association plusieurs molécules appartenant à des familles de psychotropes différentes.

Il faut ajouter que les antidépresseurs et les antipsychotiques n'ont pas de risque de créer de dépendance, ce qui est important dans cette pathologie où les addictions à un produit licite (alcool) ou illicite (cannabis, cocaïne, etc.) ne sont pas exceptionnelles. Enfin, il est préférable que la prescription médicamenteuse soit effectuée par un médecin spécialiste ayant bien l'habitude de manier les psychotropes, donc un médecin psychiatre.

Quels effets secondaires ?

Les effets indésirables des traitements psychotropes sont variables selon les classes pharmacologiques utilisées. Si l'on s'en tient aux deux classes principales, les antidépresseurs inhibiteurs spécifiques de la recapture de sérotonine et les antipsychotiques atypiques, on peut citer leurs effets indésirables principaux, car les citer tous serait aussi fastidieux qu'inutilement inquiétant, tant la plupart d'entre eux sont très rarement observés.

Pour les premiers, les antidépresseurs inhibiteurs spécifiques de la recapture de sérotonine, les effets sur le poids sont réels mais peu marqués, beaucoup moins en tout cas qu'avec d'autres types d'antidépresseurs ou d'autres familles de psychotropes. En cas de prise massive dans un but suicidaire, le risque de mortalité est extrêmement faible. En début de traitement, il y a souvent une phase d'adaptation marquée par d'éventuels troubles digestifs, notamment des nausées ou des vomissements, une tendance à l'endormissement (sédation) ou au contraire une recrudescence de l'anxiété avec hypervigilance. Parfois, ces médicaments donnent ce qu'en langage médical on appelle une akathisie, c'est-à-dire l'impossibilité de rester en place, que l'on soit assis ou debout, avec un sentiment désagréable d'impatience. En général, ces effets indésirables sont transitoires et disparaissent en quelques jours, mais certains patients supportent mal ces médicaments, ce qui nécessite leur arrêt. Parfois, le traitement initial s'avère peu efficace. Dans un premier temps, les doses sont alors augmentées et, dans un deuxième temps, si cette augmentation ne produit pas de meilleurs effets, le prescripteur essaie une autre molécule. Si certaines statistiques permettent de prévoir sur de grands nombres les résultats de tel ou tel médicament, pour un patient donné, il faut souvent tâtonner par la méthode des essais et erreurs avant de trouver la bonne formule. La prescription des psychotropes relève du sur-mesure plutôt que du prêt-à-porter.

Les antipsychotiques atypiques, pour la plupart d'entre eux, ont surtout des effets indésirables métaboliques : prise de poids, déclenchement d'un diabète, troubles du métabolisme des lipides (hypercholestérolémie, hypertriglycéridémie). Ce risque nécessite une surveillance clinique et biologique. Il faut bien entendu avertir le patient de ce risque et l'inciter à contrôler son alimentation et augmenter ses dépenses caloriques, notamment par l'exercice physique, marche et pratique sportive. Parfois, la stimulation de l'appétit et la prise de poids sont telles qu'elles peuvent justifier l'arrêt d'un remède qui se révèle pire que le mal qu'il est censé soigner.

La lecture des notices des médicaments est parfois effrayante et dissuasive, tant la liste des effets indésirables est longue et menaçante. Cependant, la plupart des effets signalés ne touchent qu'une très faible proportion des patients et leur risque d'apparition est très limité. Il est impossible de prévoir lorsque l'on prescrit un médicament comment il sera toléré. Il convient une fois le médicament essayé d'en peser les avantages et les inconvénients, car, dans le trouble de la personnalité borderline comme dans tous les autres troubles mentaux, il n'existe jamais de médicament idéal. D'abord ne pas nuire !

Quelle durée ?

Quel que soit leur trouble, les patients nous posent souvent la question de la durée des traitements médicamenteux, demandant en particulier si le traitement doit être pris « à vie ». Ils sont d'autant plus inquiets sur ce point que ces produits, à tort et à raison, n'ont pas bonne presse et sont de plus en plus critiqués. On leur reproche de créer des dépendances, d'où la crainte de mettre le doigt dans un engrenage dont il sera impossible de jamais sortir, et d'être d'une efficacité parfois douteuse. En réalité, s'ils sont prescrits avec discernement par des médecins sachant bien les utiliser, ils rendent d'inestimables services et peuvent transformer un calvaire en peine légère dans bien des cas de troubles mentaux.

Dans le cas du trouble de la personnalité borderline, il est assez facile de répondre par la négative à la question du traitement « à vie ». En effet, si l'on met à part certaines maladies associées, comme les troubles de l'humeur, qui nécessitent parfois un traitement à très long terme ou à vie, et même si le trouble de la personnalité borderline est chronique et s'étend sur de très longues années, le traitement médicamenteux est un traitement d'appoint, utile pendant une phase du trouble et qui à long terme peut s'interrompre. Cela pour deux raisons. La première est que le trouble de la personnalité borderline a tendance à s'amender avec le temps : après l'âge de 40 ans, habituellement, l'atténuation est telle qu'elle permet de tenter une interruption de la thérapeutique médicamenteuse si elle s'était révélée jusque-là indispensable. La seconde raison est que le traitement principal, à savoir la psychothérapie, lorsqu'elle est bien menée, produit des effets importants, si bien que le traitement médicamenteux devient moins utile et peut être abandonné à mesure que l'état du patient s'améliore. Autant le trouble de la personnalité borderline peut être spectaculaire dans ses manifestations, douloureux pour le sujet qui en est atteint et parfois même mortel en raison du risque élevé de suicide, autant il répond bien, mieux peut-être que d'autres troubles, à une prise en charge adaptée, notamment psychologique. Le traitement médicamenteux peut se révéler indispensable à un moment donné, mais doit s'envisager comme étant de nature transitoire. Les psychotropes dans le trouble de la personnalité borderline ne sont pas comme l'insuline dans le diabète, les hormones thyroïdiennes dans l'insuffisance thyroïdienne, le lithium dans le trouble bipolaire : ils ne sont jamais prescrits dans l'idée qu'il ne faudra jamais les interrompre.

En conclusion, dans le trouble borderline, la prescription médicamenteuse, très variable, est guidée par la nature et l'intensité des symptômes. Les médicaments les plus utilisés sont les inhibiteurs de la recapture de la sérotonine et les antipsychotiques les plus récents, dits aussi antipsychotiques atypiques. Ils ont une action assez large sur la symptomatologie du trouble de la personnalité borderline, mais ne constituent jamais des remèdes miracles. Les autres classes de médicaments psychotropes sont parfois utiles : les thymorégulateurs lorsque les troubles de l'humeur sont très marqués, les tranquillisants dans les phases d'aggravation ou ponctuellement dans des manifestations d'angoisse très marquées. Enfin, les psychotropes sont également utilisés pour traiter les comorbidités, très souvent présentes dans le trouble de la personnalité borderline (troubles de l'humeur, troubles anxieux, addictions, etc.). Rappelons que le traitement biologique des borderlines doit toujours être considéré comme secondaire par rapport au traitement psychologique.

CHAPITRE 7

L'évolution dans le temps

À quel âge se manifeste le trouble de la personnalité borderline ?

Le TPB apparaît le plus souvent à l'adolescence ou au début de l'âge adulte comme de nombreuses autres maladies mentales (schizophrénie, trouble bipolaire, abus de substances). Sa survenue à l'adolescence peut s'expliquer par des changements psychobiologiques inhérents à ce stade de développement où la structure cérébrale se transforme et de nouveaux circuits neuronaux se forment sous l'effet d'une augmentation de niveau hormonal, conduisant à des changements comportementaux. L'adolescence est également associée aux transformations psychologiques déterminées par les pressions internes (transformations du corps) et externes liées notamment à l'exigence d'autonomisation. Cette dernière s'avère particulièrement difficile pour les individus vulnérables chez lesquels on peut voir apparaître des symptômes TPB révélant ainsi une fragilité émotionnelle importante, une faible estime de soi, une difficulté importante à gérer la séparation d'avec les parents, à faire des choix dans la vie, à construire des relations sentimentales et professionnelles stables, etc.

On ne dispose pas encore de données qui nous permettraient de décrire la personnalité de ces sujets avant la survenue du TPB, mais on peut supposer que les enfants à risque de développer ce trouble sont affectivement instables, impulsifs et/ou hyperactifs. L'expérience clinique montre que les chemins qui mènent au TPB varient d'un sujet à l'autre[1]. Certains sujets disent souffrir de symptômes assez graves, le plus souvent non traités, depuis l'enfance, d'autres affirment que leur trouble s'est installé à l'adolescence.

À l'adolescence

L'adolescent borderline est souvent morose, irritable, d'humeur changeante. Il passe du rire aux larmes, se froisse facilement, peste, cherche à avoir le dernier mot, se met rapidement en colère. Il s'entoure habituellement de nombreux copains et se montre particulièrement influençable, avec un côté caméléon. Il s'efforce de se conformer à l'image qu'il croit être celle que l'on attend de lui, de se plier aux désirs supposés des autres, parce qu'il est sujet à une grande incertitude identitaire, il ne sait ni qui il est, ni qui il voudrait être, ne cesse de douter de lui-même et de ses capacités. C'est bien souvent avec les copains qu'il se met à consommer régulièrement

1. Paris J. (2008), *Treatment of Borderline Personality Disorder*, New York, The Guilford Press.

du cannabis et de l'alcool, à rentrer de plus en plus tard à la maison, à sécher les cours, voire à désinvestir complètement les activités scolaires. Il peine à supporter les contraintes, il est fréquemment en conflit avec l'autorité (parents, professeurs) et la loi, se faisant exclure à répétition du collège, du lycée ou d'un stage. Il est dans une perpétuelle instabilité, peinant à s'investir dans une activité et à trouver sa propre voie.

Les doutes profonds sur soi-même contrastent avec une attitude de prestance, l'adolescent borderline ayant de la peine à reconnaître certains aspects négatifs de sa personnalité ou de son parcours, attribuant à autrui ce qui lui appartient, mais qui le dérange. Typiquement, il « accuse » les autres d'être méchants, mauvais, mal intentionnés, alors que c'est lui-même qui se sent frustré et éprouve une rage forte envers les autres et envers lui-même.

De manière générale, le TPB a tendance à s'exprimer différemment chez le jeune garçon que chez la jeune fille. En effet, la fille borderline est plutôt dépressive, anxieuse, agressive envers elle-même (automutilations, crises de boulimie), tandis que le garçon est davantage colérique, impulsif et agressif envers les autres.

Le TPB survenu à l'adolescence se prolonge souvent pendant plusieurs années et peut persister à l'âge adulte. Les adolescents ainsi diagnostiqués sont plus à risque de développer d'autres troubles mentaux[1]. Cependant, les symptômes TPB chez l'adolescent sont moins stables que chez l'adulte, car l'adolescence est une période de

---

1. Johnson J. G., Cohen P., Kasen S., Skodol A. E., Hamagami F., Brook J. S. (2000), « Age-related change in personality disorder trait levels between early adolescence and adulthood : A community-based longitudinal investigation », *Acta Psychiatrica Scandinavica*, 102, p. 265-275.

transition au cours de laquelle l'individu peut s'améliorer rapidement si le contexte familial et le contexte social sont favorables. Cela ne veut pas dire que les adolescents borderlines ne doivent pas consulter en attendant que leurs symptômes disparaissent. Au contraire, il est indispensable qu'un adolescent en détresse puisse bénéficier d'une prise en charge spécialisée. Ses progrès sont susceptibles d'être plus rapides que ceux de l'adulte, car son fonctionnement psychique se caractérise par une plus grande souplesse.

À l'âge adulte

À l'instar de l'hétérogénéité des manifestations cliniques, le TPB présente des possibilités évolutives diverses à l'âge adulte. Tout d'abord, un nombre important de sujets borderlines ne consulte jamais, trouvant dans des liens de dépendance ou des contextes socioprofessionnels particuliers des possibilités d'adaptation, voire de réussite sociale. L'évolution de ces sujets qui ne consultent jamais demeure actuellement inconnue.

Pendant longtemps, la personnalité borderline a été considérée comme particulièrement résistante aux traitements médicamenteux et aux psychothérapies, prédestinée à une évolution chronique, mais les études récentes contredisent ces convictions en montrant que l'état de la majorité des sujets s'améliore avec le temps[1].

1. Zanarini M. C., Frankenburg F. R., Hennen J. *et al.* (2006), « Prediction of the 10-year course of borderline personality disorder », *Am. J. Psychiatry*, 163 (5), p. 827-32.

D'après le *DSM-IV-TR*, la plupart des sujets borderlines deviennent plus stables dans leurs relations et leur travail au cours de la trentaine et de la quarantaine. Ainsi, chez les sujets borderlines de plus de 40 ans, on observe une diminution nette de comportements autodestructeurs (automutilations, gestes suicidaires, crises de boulimie et abus de substances). Cela pourrait s'expliquer par la diminution de l'impulsivité que l'on constate non seulement chez les sujets borderlines, mais aussi dans la population générale[1]. Ce phénomène serait sous-tendu par des processus liés à la maturation biologique.

L'étude MSAD a exploré l'évolution du TPB pendant dix ans. Parmi deux cent soixante-quinze sujets ayant été réévalués au moins une fois au cours des dix ans, environ 34 % (quatre-vingt-quinze sujets) ont obtenu la rémission au cours des deux premières années, 54 % (cent quarante-neuf sujets) après quatre ans, 73 % (deux cent vingt sujets) après six ans, 85 % (deux cent trente-trois sujets) après huit ans et 88 % (deux cent quarante-deux sujets) après dix ans. La rémission ne signifie pas la disparition de tous les symptômes, mais le fait de ne plus répondre à au moins cinq critères de la personnalité borderline selon le *DSM-IV-TR*. Cela veut dire que le sujet peut présenter quatre critères et être considéré comme étant en rémission. En d'autres termes, l'amélioration de ces patients n'est pas aussi spectaculaire que les chiffres présentés ci-dessus le sous-entendent, mais il s'agit tout de même de progrès considérables et stables.

---

1. Paris J. (2003), *Personality Disorders Over Time*, Washington DC, American Psychiatric Press.

D'autres études ont aussi montré que les sujets borderlines s'améliorent avec le temps. Soulignons-le : dans toutes ces études, il s'agit de sujets borderlines ayant bénéficié des psychothérapies et d'un traitement médicamenteux. Cependant, à l'heure actuelle, nous ne disposons pas de données empiriques sur l'évolution des sujets malades qui ne consultent jamais.

En ce qui concerne l'évolution des différents symptômes, l'étude MSAD présentée ci-dessus a montré que tous n'évoluent pas au même rythme. Les conduites impulsives autodestructrices (abus de substances, automutilations, gestes suicidaires) s'estompent le plus vite, ce qui n'est pas surprenant compte tenu du fait qu'elles constituent un mode de réaction au stress. Comme nous l'avons déjà précisé, le borderline recourt à la drogue, à l'alcool, aux automutilations et/ou aux tentatives de suicide lorsqu'il n'arrive pas à faire face aux situations stressantes. Une fois la crise résolue, le besoin d'agir de façon à la fois impulsive et autodestructrice disparaît. Les expériences dissociatives connaissent le même destin que les conduites impulsives : elles apparaissent lors des situations stressantes et disparaissent dès que ces dernières sont résolues.

En revanche, certains symptômes sont plus tenaces et persistent même lorsque l'état global du borderline s'améliore. Il s'agit des changements brusques d'humeur, du sentiment de vide, de la peur de l'abandon et de la dépendance affective. Cela veut dire que, même une fois que les troubles graves du comportement s'estompent, le borderline continue à être d'humeur instable, angoissé par l'abandon et la solitude, éprouvant souvent un sentiment de vide. Ces symptômes persistants peuvent diminuer considérablement avec le temps, mais ne disparaissent jamais complètement. En revanche, ce qui peut changer, c'est la façon dont le borderline gère son angoisse de l'abandon, son sentiment de vide et ses sautes d'humeur. Au cours de la thérapie, celui-ci peut développer la capacité à résister à l'envie de s'autodétruire lorsque l'angoisse de l'abandon l'envahit. Il peut aussi apprendre à ne pas noyer son chagrin et son sentiment de vide dans l'alcool et la drogue.

En résumé, le suivi des sujets borderlines sur dix ans a montré que le TPB se caractérise par deux types de symptômes : les symptômes *transitoires* (conduites impulsives et expériences dissociatives) et les symptômes *chroniques* (peur de l'abandon, dépendance affective)[1]. Les symptômes transitoires surviennent lors des périodes de crises et nécessitent généralement une intervention médicale. Il s'agirait des signes distinctifs du trouble. En revanche, les symptômes plus stables relèveraient des traits du tempérament (base biologique de la personnalité) et ne sont pas spécifiques à la personnalité borderline. Ils sont à l'origine des difficultés relationnelles du borderline.

La mise en évidence de ces deux types de symptômes a conduit à élaborer une hypothèse étiologique concernant le développement du TPB selon laquelle les sujets borderlines se caractériseraient par une vulnérabilité émotionnelle dès la naissance. Celle-ci serait exacerbée par des expériences traumatiques précoces (abus sexuels, sévices, négligence parentale). Donc, un enfant émotionnellement vulnérable (craintif et hypersensible) ayant

1. Zanarini M. (2005), *Borderline Personality Disorder*, Taylor & Francis Group.

subi des événements traumatiques à un âge précoce est susceptible de développer les symptômes du TPB à l'adolescence ou à l'âge adulte.

Les évolutions défavorables

LE SUICIDE

La gravité du TPB est liée avant tout au risque de mort par suicide. Environ 8 à 10 % de sujets borderlines meurent par suicide, dont la majorité autour de la trentaine. Bien que ce taux soit vingt fois plus élevé que le taux de suicide caractérisant la population générale, si on considère la fréquence des tentatives (70 %) parmi les patients borderlines, la mortalité suicidaire paraît relativement faible. Toutefois, même une tentative de suicide peut entraîner des handicaps physiques sévères et durables. Les sujets borderlines décident de mettre fin à leur vie lorsqu'ils ont perdu tout espoir de guérison[1]. Il ne s'agit pas en général des sujets jeunes, mais de ceux qui ont lutté contre la maladie pendant des années.

Le risque suicidaire est lié à l'interaction entre plusieurs facteurs. Plus le borderline est *à la fois* d'humeur instable, impulsif et déprimé, plus le risque qu'il recoure à une tentative de suicide est important. S'il souffre, de surcroît, d'une dépression et, s'il consomme des substances psychoactives, le risque suicidaire augmente. La

1. Paris J. *Treatment of Borderline Personality Disorder, op. cit.* ; Paris J., Zweig-Frank H. (2001), « A 27-year follow-up of patients with borderline personality disorder », *Comprehensive Psychiatry*, 42, p. 482-487.

dépression amplifie toutes les émotions négatives et surtout le désespoir, tandis que l'alcool et/ou la drogue rendent le borderline plus impulsif et désinhibé, en facilitant ainsi le passage à l'acte suicidaire. Plus les tentatives de suicide et les automutilations sont fréquentes et violentes, plus le risque de mort par suicide est important.

Cependant, le suicide est impossible à prédire chez un sujet donné. Deux études conduites auprès d'échantillons nombreux de patients admis à l'hôpital pour des passages à l'acte suicidaire ont essayé de prédire le suicide à l'aide d'algorithmes en se fondant sur les facteurs de risque suicidaires décrits dans la littérature. Cette procédure n'a pas réussi à prédire un seul suicide en raison d'un nombre élevé de faux positifs, c'est-à-dire de patients qui présentaient des facteurs de risque, mais qui ne se sont pas suicidés. La prédiction du suicide s'avère encore plus complexe dans le TPB, car, malgré la fréquence élevée des tentatives de suicide (TS), un événement fréquent (TS) ne permet pas de prédire un événement rare (suicide). Ainsi, même si de nombreux sujets font des TS de façon répétitive, la plupart ne se suicident pas.

LES COMPORTEMENTS À RISQUE

Outre les conduites suicidaires, le borderline s'engage souvent dans d'autres comportements à risque qui peuvent avoir des conséquences très graves. Les rapports sexuels non protégés peuvent conduire à la contamination par le virus du sida ou d'autres maladies sexuellement transmissibles et dangereuses. La conduite de voiture à toute vitesse ou en état d'ivresse peut être fatale.

La *dépendance à l'alcool et/ou aux drogues* empêche toute évolution favorable du TPB en rendant le borderline plus impulsif, émotionnellement instable et désorganisé. Ces produits aident à lutter contre les émotions insupportables à court terme, mais les amplifient à long terme. Sandrine explique : « *Quand je suis déprimée ou que je me sens vide, j'ai tendance à boire de l'alcool ou à fumer du cannabis… Sur le coup, ça m'aide, mais après, je suis encore plus mal.* » Par ailleurs, une consommation excessive de ces produits peut entraîner des problèmes somatiques divers (hépatite C, cancer, maladie cardiaque, maladie du foie, etc.).

La peur de la solitude et la quête éperdue d'amour pousse le borderline à s'engager dans des relations sentimentales et/ou amicales avec des personnes à peine connues qui peuvent l'entraîner dans des situations dangereuses et lui compliquer la vie. Ainsi, de nombreuses femmes borderlines fréquentent des hommes violents et acceptent d'être maltraitées pour échapper à la solitude. Elles préfèrent n'importe quel lien à l'absence de lien. La soumission à la violence subie est chez certaines le seul mode de lien amoureux connu. Il s'agit en général d'une dépendance pathologique au partenaire qui est vécue comme indispensable à la survie psychique, malgré le fait que la relation soit très conflictuelle et source de frustrations constantes. Ces relations font souvent partie d'un scénario de vie répétitif où le sujet se lie systématiquement à des partenaires inadéquats qui le font souffrir. Cependant, le fait d'évoluer dans un contexte relationnel pathologique rend difficile, voire impossible, toute amélioration des symptômes du TPB, même si la personne suit une thérapie. Ces relations enferment le sujet dans une image négative de lui-même en renforçant le cercle vicieux des conduites d'autosabotage dans tous les domaines de la vie.

Les évolutions favorables

Dans le cadre de sa thèse de doctorat, Daria Karaklic a exploré les facteurs qui influencent l'évolution des sujets borderlines en recueillant les témoignages des sujets borderlines. La méthodologie de l'étude ne sera pas expliquée ici, mais nous présenterons les résultats les plus intéressants. Globalement, la plupart des sujets borderlines s'améliorent avec l'âge, ce qui est lié à la diminution de l'impulsivité, mais aussi à d'autres facteurs comme les expériences de la vie, les relations affectives positives et la maturation avec l'âge.

DES ÉVÉNEMENTS DE VIE PONCTUELS

D'après les témoignages, certains événements fortuits, positifs ou négatifs, peuvent contribuer à une évolution favorable.

Il s'agit d'événements qui, sans avoir eu de conséquences directes concrètes sur la vie du sujet, ont entraîné des transformations psychiques importantes, car ils ont été interprétés par la personne comme un signe du destin. Mélanie, 32 ans, se confie : « *Il y a deux ans, je suis tombée enceinte d'un homme que je n'aimais pas, avec qui j'avais eu juste une aventure. Même si j'ai décidé de ne pas garder l'enfant, cette expérience m'a transformée. Auparavant, je me trouvais tellement sale et mauvaise que je croyais que je ne pourrais jamais avoir d'enfants, que rien de bon ne pourrait sortir de moi. Le fait de tomber enceinte m'a fait comprendre que je n'étais pas une bonne à rien. Cet événement a été presque miraculeux, car, par la suite, tout s'est débloqué dans ma vie : j'ai trouvé un travail, un petit ami et je me marie bientôt. Il m'arrive toujours d'être mal mais moins souvent qu'avant.* » Mélanie présentait une forme relativement grave de TPB. Après une dizaine d'années de souffrance intense (changements fréquents de partenaires, abus d'alcool, tentatives de suicide fréquentes suivies d'hospitalisations), selon ses dires, son état se serait amélioré suite à l'événement qu'elle décrit.

Paradoxalement, même des événements de vie négatifs provoquent chez certains des prises de conscience inattendues qui leur donnent envie de changer de mode de vie. Le plus souvent, il s'agit de circonstances qui impliquent une confrontation avec la mort et donnent le sentiment d'avoir « touché le fond ». C'est précisément ce sentiment qui suscite le désir de changer de façon radicale. Sylvie, 37 ans, ancienne toxicomane, raconte : « *Après une overdose, j'ai été dans le coma pendant quelques jours. Là, je me suis dit que j'avais touché le fond et que ça ne pouvait plus continuer comme ça : soit je changeais, soit je me tuais. J'ai décidé de commencer une thérapie et, pour l'instant, ça marche. Si je n'avais pas effleuré la mort, je n'aurais jamais eu envie de changer.* » Tout se passe comme si la confrontation avec la mort redonnait le goût de vivre. On observe le même phénomène après certaines tentatives de suicide.

Émilie, 34 ans, s'engageait souvent dans des relations sexuelles non protégées et a fini par être infectée par le virus du sida. Au lieu de la décourager et de l'abattre, cet événement l'a motivée à arrêter la consommation de drogues et à entamer une psychothérapie : « *Quand j'ai appris que j'étais séropositive, au début, ça a été un choc. Je pensais que j'allais me suicider, mais, un peu plus tard, j'ai commencé à avoir la rage et je me suis dit : "Autant de malheurs dans une vie, c'est injuste." C'est là que j'ai décidé de me prendre en main : j'ai commencé une thérapie, j'ai stoppé la came et l'alcool, j'ai commencé à faire très attention à ce que je mange… et je traîne plus avec des paumés.* »

DES RENCONTRES

Une grande partie de sujets attribuent l'évolution positive de leurs symptômes à *une relation stable avec un partenaire bienveillant et compréhensif*. En général, on observe ce phénomène chez des sujets d'âge avancé qui, après des années de relations tumultueuses avec des partenaires inappropriés, finissent par rencontrer *la* « bonne personne » qui leur procure la sécurité affective dont ils ont besoin. Il s'agit de partenaires qui savent s'adapter aux difficultés affectives des sujets borderlines en étant soutenant, empathique, fiable et chaleureux.

Claire, 41 ans, raconte : « *Quand j'étais jeune, je sortais toujours avec des hommes à problèmes qui profitaient de moi et de ma fragilité. Après quelques années de thérapie, j'ai rencontré l'homme avec qui je suis actuellement. Sa présence m'apaise et me donne confiance en moi. Je peux enfin être moi-même. Grâce à lui, j'ai changé sur tous les plans. J'ai changé de voie professionnelle. J'ai aussi changé de cercle d'amis. Il m'arrive toujours d'être très,*

très mal, mais jamais autant qu'avant... S'il partait, je me suiciderais. »

Philippe, 43 ans raconte : « *Depuis que j'ai rencontré Chloé, il y a cinq ans, ma vie a complètement changé. J'ai enfin trouvé quelqu'un qui a su me comprendre, m'apaiser et s'adapter à ma sensibilité. Contrairement à mes ex-compagnons qui étaient instables et impulsifs, Chloé est toujours là pour moi, elle sait quoi me dire et quoi faire quand ça va mal. Elle m'a soutenu dans ma psychothérapie. Grâce à ma psy et au soutien de ma compagne, j'ai arrêté de m'alcooliser et de penser souvent au suicide et je vais beaucoup mieux qu'avant.* »

Les relations sentimentales positives semblent déterminantes pour l'évolution favorable du TPB, car elles renforcent l'estime de soi du borderline, l'incitent à renoncer à ses conduites d'autosabotage et à exploiter ses potentialités et ses talents. On peut penser que les personnes auxquelles le borderline s'attache ont le pouvoir de corriger par leurs attitudes concrètes les schémas négatifs de celui-ci. Ainsi, un borderline très craintif et méfiant peut voir sa méfiance s'atténuer ou disparaître au fil du temps s'il parvient à construire une relation stable avec une personne fiable et digne de confiance qui lui montrera par ses paroles et ses actes qu'il ne sera pas toujours trahi, humilié ou manipulé comme il a pu l'être dans son enfance.

En effet, au-delà des parents, qui sont les premiers modèles identificatoires, toutes les rencontres de la vie ouvrent chaque fois un espoir de changement. Pour qu'une relation puisse être réellement porteuse de modification, elle doit être stable, fondée sur la confiance mutuelle et importante pour les deux partenaires.

Selon les témoignages recueillis, la plupart des sujets disent avoir fait une rencontre positive dans la vie réelle après avoir fait des progrès en thérapie, probablement grâce à des prises de conscience concernant les choix systématiques de partenaires inappropriés, mais aussi à l'assouplissement de leur mode de fonctionnement. Ce qui est le plus difficile pour les patients borderlines, c'est de renoncer à l'autodestructivité et de pouvoir s'ouvrir aux expériences positives. Ces patients s'enferment dans des conduites d'autosabotage en se privant d'apports affectifs que les liens positifs procurent. C'est pourquoi on peut se poser la question suivante : à partir de quel moment le sujet borderline devient-il prêt à accueillir une expérience relationnelle positive en résistant à la tentation de détruire ce lien, par exemple, en mettant sans cesse à l'épreuve les limites de la tolérance du partenaire ? La réponse à cette question n'est pas évidente et elle varie selon les sujets, comme nous avons pu le voir à travers leurs témoignages. Il est à noter que la plupart des sujets améliorés de notre étude insistaient aussi sur le fait que c'est grâce à la fois à la psychothérapie et à une autre relation proche (sentimentale ou amicale) qu'ils ont évolué le plus.

LA RENCONTRE D'UN THÉRAPEUTE

Certains sujets expliquent que c'est grâce à la rencontre d'un thérapeute qu'ils ont accompli le plus de progrès. Ils décrivent un scénario similaire à celui des sujets qui racontent que leurs rencontres amoureuses ont représenté un facteur d'évolution favorable. Après des années de changements fréquents de thérapeutes, ces sujets disent avoir fini par trouver le « bon ». Nathalie, 36 ans, se confie : « *Dans ma vie, j'avais vu beaucoup de thérapeutes, mais, chaque fois, j'avançais pour mieux reculer, jusqu'à ce que je rencontre ma thérapeute actuelle qui m'a littéralement réanimée. Ce ne sont pas seulement ses paroles qui m'aident, mais aussi l'énergie qu'elle dégage. Elle a beaucoup d'humour et de charisme et chaque fois que je sors de son cabinet, je me sens beaucoup mieux qu'avant, complètement ressourcée, ce qui n'était pas le cas avec mes thérapeutes précédents qui n'arrêtaient pas de me faire pleurer et revivre mon passé douloureux.* »

La relation avec le thérapeute est aussi une expérience relationnelle correctrice. En effet, aucun progrès en thérapie n'est possible si la relation entre le thérapeute et le patient est insatisfaisante. L'importance fondamentale du facteur relationnel est actuellement reconnue dans toutes les études empiriques sur l'efficacité des thérapies sous le nom de l'alliance thérapeutique.

L'EXPÉRIENCE DE LA MATERNITÉ

Certaines femmes borderlines expliquent l'amélioration de leurs symptômes par l'expérience de la maternité. Nadine, 33 ans, explique : « *Depuis que je suis devenue maman, ça m'a transformée, je ne me sens plus seule au monde. Il y a quelqu'un qui est entièrement à moi, un homme qui ne va jamais me trahir, ni m'abandonner. Pour lui, j'ai arrêté de sortir tout le temps, de me bourrer la gueule et de changer de mec toutes les deux semaines. Je suis devenue plus responsable et mon angoisse de l'abandon a vachement diminué.* »

LE RÔLE DE CERTAINS TRAITS DE PERSONNALITÉ

Il apparaît que les sujets qui ne sont pas très colériques et agressifs ont plus de chances d'évoluer positivement que les autres, car ils sont plus aptes à établir des relations harmonieuses avec l'entourage.

DES CHANGEMENTS DANS LE DOMAINE PROFESSIONNEL

Certains évoquent l'idée que des changements sur le plan professionnel auraient contribué à leur évolution favorable. En général, ces changements se produisent grâce à la psychothérapie au cours de laquelle certains retrouvent la confiance et la motivation pour s'engager dans la vie active, tandis que d'autres prennent conscience du fait qu'ils s'obstinent dans une voie professionnelle qui ne correspond pas à leurs désirs profonds. Virginie, 31 ans, explique : « *Avant, je me trouvais tellement nulle et incapable que je n'osais pas me lancer dans la vie active. Même si j'avais fait des études poussées, j'enchaînais des petits boulots alimentaires sans jamais oser postuler pour un poste qui correspond à ma formation. Le travail sur l'affirmation de soi que j'ai fait en thérapie m'a donné le courage de chercher un travail dans mon domaine... Quand je l'ai finalement eu, ça m'a fait beaucoup de bien, parce que j'ai eu des retours positifs de mes supérieurs hiérarchiques et mes collègues sur ma façon de travailler. En plus, depuis que je travaille, je me sens plus sûre de moi dans les relations sociales. J'avoue, ce n'est pas toujours rose, car je vis souvent mal les critiques, même constructives, de mes chefs, mais comme je reprends toutes ces situations difficiles avec mon thérapeute, j'apprends à les voir et à les gérer autrement et ça va beaucoup mieux qu'avant.* »

DES CHANGEMENTS LIÉS À L'ÂGE

Tout d'abord, l'impulsivité diminue avec l'âge d'un point de vue biologique. Ensuite, la maturation psychologique avec l'âge semble être l'un des facteurs qui contribuent le plus à l'évolution positive du TPB avec l'âge.

Le mode de fonctionnement psychique des sujets borderlines s'apparente souvent à celui d'un enfant ou d'un adolescent. Comme le disait le psychiatre Aaron Beck, le borderline se sent la plupart du temps comme un enfant vulnérable dans un monde hostile.

Cependant, les sujets borderlines mûrissent, jusqu'à un certain degré, variables selon les individus, avec l'âge. Néanmoins, en raison de leurs traits de personnalité, ce processus de maturation semble se dérouler plus lentement que chez les sujets dits « normaux ». Pendant longtemps, l'impulsivité et l'instabilité affective empêchent ces personnes de prendre du recul et de tirer des enseignements des expériences négatives répétitives. Ces sujets restent pendant des années « stables dans leur instabilité » ; ils réagissent de manière impulsive et irréfléchie aux mêmes types d'événements. Ils donnent l'impression de répéter toujours les mêmes « erreurs », alors qu'ils ont eux-mêmes le sentiment d'être victime d'un destin tragique : « *Pendant longtemps, j'ai cru que j'étais maudite, tellement il m'arrivait des galères tout le temps* », nous disait une patiente. Or l'impulsivité s'atténue avec l'âge et la plupart des sujets borderlines finissent par prendre conscience, au moins à un certain degré, de leur part de responsabilité dans leurs malheurs perpétuels. Ils découvrent à quel point ils provoquent eux-mêmes, par leurs attitudes, leurs actes et leurs choix, les événements négatifs. Le degré de ces prises de conscience varie selon les sujets, et il semble être plus important chez ceux qui bénéficient ou ont bénéficié de psychothérapies. Ainsi, comme nous l'avons vu à travers les témoignages de nos sujets, certains commencent à choisir des partenaires moins pathologiques. D'autres encore adoptent une attitude plus responsable envers eux-mêmes et leurs proches grâce aux expériences de la vie (expérience de la maternité, engagement dans la vie professionnelle).

Voici le témoignage d'une patiente qui illustre ce phénomène de prise de conscience de la responsabilité personnelle : « *Avant de vraiment comprendre ma responsabilité personnelle, je croyais que tout ce qui m'arrivait était la faute des autres. Même si je réagissais souvent de manière impulsive, j'étais complètement anéantie chaque fois que les autres essayaient de m'expliquer que je pouvais contrôler mon comportement. Ça me rendait furieuse. Grâce à la thérapie, j'ai compris que je détestais et jugeais les autres parce que je me détestais et me jugeais moi-même, et que je ne pouvais pas respecter les autres, car je ne me respectais pas moi-même. C'est pourquoi il était si facile de les dévaloriser et agresser. En apprenant à nuancer mes opinions et en acceptant ma propre responsabilité, j'ai réussi à réduire beaucoup de rejets, d'abandons et de peurs imaginaires.* »

LE CAP DE LA QUARANTAINE

Cette période est à l'origine d'un bilan rétrospectif de la vie qui amène à constater toutes les conséquences négatives de son instabilité et tout particulièrement de ses comportements impulsifs (comme des prises de décisions irréfléchies), que ce soit la perte d'amis, de partenaires, de leur situation professionnelle ou encore une détérioration de leur état de santé. Avec l'approche des quarante ans, les sujets semblent prendre conscience de la réalité du temps qui passe et surtout du fait que certaines conséquences de leurs comportements à risque sont irréversibles, comme, pour une femme, l'impossibilité d'avoir des enfants. Grâce à cette prise de conscience de la dimension temporelle, certains sujets ont pu se projeter dans l'avenir et trouver la motivation et la force pour amorcer un réel changement dans leur mode de vie global. « *Quand j'ai eu 40 ans, je me suis rendu compte que je n'ai rien construit dans ma vie, que tout ce que je construisais, je le détruisais, que je n'avais ni relation stable ni travail stable, que mon avenir était complètement incertain. Ça m'a poussé à entamer une thérapie.* »

En résumé, l'engagement dans une psychothérapie, les relations sentimentales positives, les changements biologiques et psychologiques liés à l'âge sont des facteurs qui contribuent le plus à une amélioration avec le temps.

CHAPITRE 8

En pratique, que faire ?

Quand doit-on penser à un trouble de la personnalité borderline ? Sans reprendre la liste des critères diagnostiques, il faut penser à ce trouble quand on note certains symptômes évocateurs comme les scarifications, les tentatives de suicide à répétition, les sautes d'humeur fréquentes, des difficultés relationnelles répétées ou systématiques, des troubles du comportement alimentaire, des troubles addictifs (alcoolisme, prise de substances illicites). Deux caractéristiques supplémentaires orientent vers un trouble de la personnalité borderline : le sexe féminin et le jeune âge.

La nécessité de se faire aider

Bien entendu, ce n'est pas la famille ni l'entourage proche qui peuvent porter le diagnostic ; c'est impérativement un spécialiste. L'une des premières difficultés consiste d'ailleurs à amener la personne atteinte de ces symptômes à consulter. Il faut savoir qu'aucun d'entre eux n'est spécifique du trouble de la personnalité borderline, mais que seule une évaluation approfondie peut permettre de porter le diagnostic. C'est un diagnostic qui peut être porté par excès, d'autant plus qu'il subit un phénomène de mode, ou par défaut, notamment lorsqu'une autre symptomatologie, comme un état dépressif, a tendance à masquer les autres symptômes.

De plus en plus souvent, les patients recherchent des informations sur Internet. Ils y trouvent des informations de qualité variable et des échelles ou des questionnaires permettant d'établir un autodiagnostic. L'expérience montre que cette méthode est dangereuse car elle est source d'erreurs et de fausses certitudes. En revanche, cela permet de mettre sur une piste qui peut s'avérer utile. Parmi les patients qui consultent après une telle démarche, annonçant qu'ils ont compris qu'ils étaient atteints d'un trouble borderline en consultant des sites spécialisés ou en ayant rempli un questionnaire en ligne, certains ont vu juste, d'autres non. Le fait qu'il s'agisse d'un diagnostic à la mode et moins grave que celui de schizophrénie pousse parfois à des illusions diagnostiques que le spécialiste devra dissiper. De même, ces sites font parfois de la publicité pour telle ou telle approche thérapeutique, sans toujours les garanties suffisantes. Il est donc préférable de consulter un médecin psychiatre, dont certains se sont spécialisés dans l'étude et le traitement de ce trouble, afin qu'il pose avec sérieux un diagnostic et guide la thérapeutique. Bien que ce soit une tendance quasi naturelle, personne ne peut s'improviser psychiatre ou psychologue.

À QUI S'ADRESSER ?

De nombreux travaux le montrent, c'est l'établissement d'un lien thérapeutique avec un psychologue ou un psychiatre qui représente le facteur de meilleur pronostic. L'isolement et le refus d'aide par un professionnel de santé sont donc les principaux écueils à éviter par les patients atteints de trouble de la personnalité borderline.

Il faut faire très attention aussi aux aides qui ne seraient pas professionnelles, ni même bienveillantes. Les sujets atteints de trouble de la personnalité borderline sont fragiles ; ils peuvent idéaliser telle ou telle personne leur promettant aide et guérison, avant de tomber des nues et d'éprouver une cruelle déception. Ce sont des proies rêvées pour les sergents recruteurs des sectes. Par peur de l'abandon, certains patients ne se dégagent pas de relations insatisfaisantes, nuisibles et même perverses.

Le traitement est long, difficile. Il passe par l'instauration d'une alliance thérapeutique avec un psychologue ou un psychiatre, et il doit faire appel à la fois à un traitement psychologique et un traitement médicamenteux. Ces traitements sont au mieux délivrés par des professionnels de la santé mentale formés à ce type de prise en charge. N'importe quel psychologue ou psychiatre ne peut pas aider efficacement un patient atteint de trouble de la personnalité borderline.

Comment l'entourage doit-il se comporter ?

Les études épidémiologiques ont montré que les parents d'un patient borderline avaient souvent eux-mêmes des troubles mentaux (alcoolisme, dépression, trouble de la personnalité borderline, etc.). D'autre part, ils sont souvent très mal informés sur le trouble de la personnalité borderline. Enfin, l'entourage est souvent désemparé devant certaines des manifestations que peut prendre ce trouble, quand elles sont spectaculaires ou rendent les relations intrafamiliales ou conjugales particulièrement tendues, difficiles, éprouvantes, ce qui est à l'origine de grandes souffrances.

Par son attitude, l'entourage peut influer sur le cours de la maladie. Il doit être impliqué dans la prise en charge de façon plus ou moins formelle, en fonction de chaque situation, et toujours sur une base volontaire. C'est la raison pour laquelle des thérapies familiales spécialement destinées aux patients borderlines ont été mises sur pied et ont montré leur efficacité.

S'il faut informer l'entourage, il ne faut pas le culpabiliser : le trouble mental dont souffre leur proche est une maladie, ce n'est pas la résultante d'un dysfonctionnement familial. Il est indispensable que l'entourage, les proches, la famille, le conjoint soient informés du pronostic de la maladie et de son évolution favorable à long terme. Ceux qui sont qualifiés parfois de « mauvais parents » sont ou bien mal informés, ou bien eux-mêmes malades : en aucun cas, il ne faut considérer qu'ils sont malveillants ou méchants volontairement.

Par son attitude, l'entourage peut diminuer les comportements violents et les conséquences de la maladie, comme il peut au contraire les aggraver. Le fardeau que porte la famille peut être allégé par les différentes stratégies thérapeutiques, y compris celles qui l'impliquent. L'entourage doit bénéficier d'une véritable psychoéducation pour que le proche atteint d'un trouble de la personnalité borderline ait les meilleures chances d'aller mieux.

Cette véritable psycho-éducation doit commencer par un avertissement : si des progrès sont à attendre dans l'état de santé du proche souffrant d'un trouble de la personnalité borderline, ils seront lents. Il faut donc bien expliquer en quoi consiste ce trouble, dire que, globalement, surtout si une prise en charge s'amorce, le pronostic n'est pas mauvais à long terme, mais que les changements n'interviendront pas du jour au lendemain. L'évolution peut rester longtemps chaotique et peut être émaillée de moments de crises ou de tentatives de suicide.

Il convient de conseiller aux proches d'agir en collaboration avec le corps médical et d'être constants, c'est-à-dire de ne pas avoir des attitudes opposées ou contradictoires. C'est particulièrement vrai pour les parents. Il ne faut pas répartir les rôles entre un parent complaisant et un parent répressif : ils doivent tous deux agir en harmonie. Sinon, cela crée une source de conflits avec le proche malade.

Si les proches doivent rester calmes et ne pas exprimer de façon trop visible leurs émotions, ils doivent aussi ne pas tolérer certaines attitudes du patient comme les colères, les menaces, les coups, les injures. Il ne faut pas non plus affronter de front le patient, ni poser d'ultimatum à tout bout de champ. Cette dernière méthode, parfois utile à condition d'être réservée aux situations extrêmes, est à utiliser en accord avec le médecin ou le psychologue qui s'occupe du patient.

En conclusion, les conseils qui sont donnés aux familles, aux proches, aux conjoints, sont les suivants :

– être bien informés de la nature du trouble, de son traitement et de son évolution ;

– rester calme dans les moments difficiles ;

– adopter une attitude cohérente ;

– s'impliquer dans le traitement et collaborer avec les soignants ;

– établir les limites de ce qu'on ne supportera pas et en avertir le patient ;

– laisser ce dernier affronter l'épreuve de la réalité sans le protéger systématiquement des conséquences logiques de ses actes.

QUE FAIRE EN CAS D'ACCÈS DE COLÈRE OU D'AUTOMUTILATION ?

Face aux accusations, aux colères, aux automutilations, bref dans les situations de crise, l'entourage doit à la fois prêter attention à ce qui se passe et rester calme. Il est parfois utile de s'éloigner en disant que l'on reviendra discuter lorsque la situation sera plus détendue, mais que l'on comprend qu'il y a des choses dont il faut parler. Devant des critiques, même formulées sur le ton de la colère, il faut savoir reconnaître ses torts. Devant des accusations injustes, il ne s'agit pas d'engager le combat, mais de les supporter, car sinon survient l'escalade. En cas d'automutilation, il ne faut pas adopter la politique de l'autruche ni paniquer. Il faut en parler ouvertement avec son auteur et s'assurer que les professionnels de la santé mentale qui le suivent sont au courant. Globalement, il vaut mieux verbaliser les choses plutôt que de les dénier ou d'y réagir par des comportements excessifs ou inadaptés.

QUE FAIRE EN CAS DE RISQUE DE SUICIDE ?

Le danger majeur du trouble de la personnalité borderline est la tentative de suicide. On a décrit une double suicidalité chez les patients atteints de trouble de la personnalité borderline : d'une part, une suicidalité chronique qui est inhérente à ce trouble et, d'autre part, une suicidalité de circonstance dans des périodes de crise, après un événement de vie éprouvant (rupture sentimentale, chômage, deuil, etc.). Les tentatives de suicide sont favorisées par l'alcoolisation et sont souvent effectuées de façon impulsive. Elles ne sont pas toujours évitables et l'entourage ne doit pas se culpabiliser.

Par leur attitude calme, les proches doivent éviter de jeter de l'huile sur le feu et de transformer une situation banale en drame. En certaines circonstances, il ne faut pas laisser le sujet seul, mais l'aider à verbaliser ses difficultés, l'accompagner avec empathie sans le juger, pour qu'un moment d'impulsivité passe sans conséquence dramatique. Bien sûr, il faut faire en sorte que le sujet n'ait pas facilement à sa disposition des moyens de suicide (réserve de médicaments, arme à feu, corde, etc.).

L'hospitalisation est parfois nécessaire devant une crise et des idées suicidaires particulièrement marquées, comme cela arrive au cours de décompensations dépressives, par exemple. Cependant, l'hospitalisation systématique comporte un danger car elle renforce à terme les idées suicidaires par la réponse apaisante dans le court terme qu'elle représente. C'est la raison pour laquelle, dans certaines thérapies, le psychothérapeute a pour principe de permettre au sujet atteint de trouble de la personnalité borderline de l'appeler en cas de difficultés, la contrepartie de cette disponibilité étant que le sujet s'engage à ne pas commettre de tentative de suicide, mais à essayer de surmonter les moments difficiles grâce à l'aide qui lui est proposée. Par ailleurs, l'un des premiers effets de l'établissement d'une alliance thérapeutique de qualité est la diminution très nette du risque de tentative de suicide.

Quand et où consulter ?

Lorsque certains symptômes peuvent faire penser qu'une personne est atteinte d'un trouble de la personnalité borderline, elle doit consulter d'elle-même ou sur les conseils de son entourage, le plus tôt étant le mieux. Il faut s'adresser à un professionnel de la santé mentale, psychologue ou psychiatre, qui connaît bien ce type de trouble, peut en poser le diagnostic et mettre sur pied un programme thérapeutique adapté. Il existe aussi des sites spécialisés qui délivrent des informations utiles, mais jamais suffisantes et à prendre avec précaution. Ces sites peuvent néanmoins donner les adresses des services, des établissements ou des associations spécialisées dans le trouble de la personnalité borderline. En effet, plus la structure ou le professionnel sont spécialisés, plus les chances d'une bonne prise en charge sont réunies. On ne dira jamais assez que c'est l'établissement d'une alliance thérapeutique avec un psychologue ou un psychiatre qui est le meilleur garant d'une amélioration de l'état du sujet atteint d'un trouble de la personnalité borderline.

Au total, le traitement doit reposer sur l'information du patient et celle de son entourage, dans un esprit collaboratif, en rappelant au patient qu'il s'agit d'une maladie qui, à terme, a de grandes chances de connaître une évolution favorable s'il accepte d'être convenablement aidé.

Table des matières

Cet ouvrage a été transcodé et mis en pages
par IGS-CP (L'Isle-d'Espagnac)

Impression réalisée par

BRODARD & TAUPIN

La Flèche (Sarthe), le 21-02-2014
N° d'impression : 3004410
N° d'édition : 7381-3123-X
Dépôt légal : mars 2014

Imprimé en France